成年後見監督人の手引き

公益社団法人
成年後見センター・リーガルサポート［編著］

日本加除出版株式会社

は し が き

　2000年4月1日に新成年後見制度が施行され，10数年の歳月が経過しました。この歴史的時間の経過としてはごく僅かの間に，新制度の目的であった「後見の社会化」は著しく進捗しました。これは社会がそれを必要としていたから進捗したのだと思われます。その結果，専門職後見人としてわれわれは数多くの後見事案を受任し，被後見人の権利の擁護と福祉の増進に寄与する役割に直接従事することになりました。このことは，少子高齢社会，超高齢社会，そして人口減少社会の進行するわが国の社会をそれぞれの地域の中で支えていくための一つの役目を，われわれは担ったとも言えるのであり，一人の職業人として，とてもやりがいある，かつ誇りある仕事を与えられたのだと，わたくしは考えております。

　そして現在，成年後見分野におけるもう一つの役割をわれわれ専門職後見人は全国の多くの家庭裁判所から強く期待されるようになりました。それはここ数年来，家庭裁判所からの依頼が急増している成年後見監督人等への就任要請です。現在，司法書士・弁護士等の成年後見監督人等の就任はおびただしい数にのぼるものと思われます。また市民後見人の登場により，各地の社会福祉協議会・成年後見センターへの成年後見監督人等の就任要請も増えているものと思われます。

　では何故，後見監督人への就任要請が急増しているのか。複数の理由が考えられますが，主な理由は後見の申立件数が年々増加し，かつ累積の後見事件数も増大の一途を辿る中で，家庭裁判所の限られた人員では後見監督事務への対応が十分にできなくなる状況が到来したため，後見業務に精通している専門職後見人等を監督人としても活用することが始まっているのだと推測します。

　しかし，それに伴い，後見監督業務の理解不足を起因とする不祥事も発生するようになりました。では，これまで後見監督業務の指針となるような専門書はあったのでしょうか。成年後見実務の専門書の中で，成年後見制度の中にある一つの制度として，後見監督業務に触れられることはあっても，後見監督業務に特化した専門家向けの実務書は皆無であったのではないでしょうか。

　本書は，後見監督業務に取り組む実務家向けに編まれた，後見監督業務の解説に特化した実務書です。本書を手にもって通覧されたらばおわかりいただけると思いますが，これほどまでに多岐詳細に，かつ分かりやすく後見監督業務が解説された書物はこれま

でなかったと思料します。

本書は次のとおり構成されています。

- はじめに　成年後見監督制度の概要ほか
- 第1章　　監督人の選任
- 第2章　　監督人の義務と権限
- 第3章　　法定後見監督人の職務
- 第4章　　任意後見監督人の職務
- 第5章　　書式からみる後見監督の職務と流れ
- 第6章　　書式集
- おわりに　成年後見監督制度の課題と展望

本書は後見監督実務の解説のみならず，Q&Aや，事例に基づく後見監督職務の流れ，そして独自に考案された書式もふんだんに掲載されています。

専門職後見人である司法書士・弁護士・社会福祉士等の皆様，各地の社会福祉協議会など監督業務に従事されている諸団体の皆様，是非本書をお取りください。リーガルサポートが自信をもって推奨する一冊です。

最後に，辛抱強く原稿の取りまとめをしてくださった，日本加除出版の牧陽子氏に厚く感謝の意を述べさせていただきます。

2014年8月

公益社団法人 成年後見センター・リーガルサポート
理事長　松井秀樹

凡　例

[法　令]

文中の（　）内に掲げる法令については，主に以下の略語を用いました。

　　　　民　　　→　民法
　　家 事 法　→　家事事件手続法
　　家事規則　→　家事事件手続規則
　　任意後見　→　任意後見契約に関する法律
　　後見登記　→　後見登記等に関する法律

[判例・出典]

判例・出典については，主に以下の略記法・略称を用いました。

大阪地堺支判平25. 3. 14金商 1417. 22
→　大阪地方裁判所堺支部　平成25年 3月14日　判決　金融・商事判例 1417号22頁

　民集　→　最高裁判所民事判例集
　判タ　→　判例タイムズ
　判時　→　判例時報
　家月　→　家庭裁判月報
　金商　→　金融・商事判例
　新聞　→　法律新聞

[用語について]

後見，保佐，補助を特に区別しない場合は，「後見」，

成年後見人，保佐人，補助人を特に区別しない場合は，「後見人」，

成年被後見人，被保佐人，被補助人を特に区別しない場合は，「被後見人」又は「本人」と表記します。

また，「監督人」とは，成年後見監督人，保佐監督人，補助監督人の総称を指し，「監督事務」とは後見監督事務，保佐監督事務，補助監督事務の総称を指します。

凡 例

[参照箇所]

文中に掲げる以下の表記は,「第6章　書式集」中の資料を指します。

・資料12：後見監督事務報告書（定期報告）

[参考文献]

・小林昭彦＝大鷹一郎＝大門匡編『一問一答新しい成年後見制度』（商事法務, 新版, 2006年）
・小林昭彦＝大門匡編著／岩井伸晃ほか著『新成年後見制度の解説』（金融財政事情研究会, 2000年）
・新井誠＝赤沼康弘＝大貫正男編『成年後見制度　法の理論と実務』（有斐閣, 2006年）
・於保不二雄＝中川淳編『新版注釈民法（25）親族（5）』（有斐閣, 改訂版, 2004年）
・谷口知平＝石田喜久夫編『新版注釈民法（1）総則（1）』（有斐閣, 改訂版, 2002年）
・島津一郎＝松川正毅編『基本法コンメンタール親族』（日本評論社, 第4版, 2001年）
・金子修編著『一問一答家事事件手続法』（商事法務, 2012年）
・金子修編著『逐条解説　家事事件手続法』（商事法務, 2013年）
・松川正毅＝本間靖規＝西岡清一郎編／安西明子ほか著『新基本法コンメンタール　人事訴訟法・家事事件手続法（別冊法学セミナー no.225）』（日本評論社, 2013年）
・最高裁判所事務総局家庭局監修『条解家事事件手続規則』（法曹会, 2013年）
・裁判所職員総合研修所監修『親族法相続法講義案』（司法協会, 2013年）
・東京家庭裁判所後見問題研究会編著「東京家裁後見センターにおける成年後見制度運用の状況と課題」判例タイムズ1165号（2005年1月25日号）
・東京家裁後見問題研究会編著「後見の実務」別冊判例タイムズ36号（2013年4月）
・公益社団法人成年後見センター・リーガルサポート「法定後見ハンドブック　2013年版」
・「カウンター相談241」登記研究781号（平成25年3月）

編著者紹介

■公益社団法人　成年後見センター・リーガルサポート

1999年12月，日本司法書士会連合会が設立した公益社団法人。正会員数は，6,979名（うち司法書士法人正会員数88）（2014年7月7日現在）。会員を専門職後見人として養成し，家庭裁判所や行政等からの要請に応じ推薦している。全国各都道府県に50の支部があり，各地で親族を対象とした成年後見人養成講座の開設や講師の派遣，シンポジウム等の開催，高齢者・障害者のための成年後見相談会を実施するなど幅広く成年後見制度の普及活動を行う。日本初の成年後見制度に関する社団法人として誕生した。

主な図書：『成年後見教室―実務実践編―』『成年後見教室―課題検討編―』『12人の成年後見人―たった一つの人生に捧げる後見物語』『これで安心！　これならわかる　はじめての成年後見―後見人の心得　お教えします』『かんたん記入式　成年後見人のための管理手帳［第2版］』（以上，日本加除出版），『後見六法』『実践成年後見』『市民後見人養成講座　全3巻』（以上，民事法研究会）

■編　　集

井上　広子（熊本支部）
梶田　美穂（大阪支部）
吉田　崇子（山梨支部）
山竹　葉子（静岡支部）
山﨑　貴子（福岡支部）
田中　智子（大阪支部）
櫻井　惠子（大阪支部）

■執　　筆（執筆順）

多田　宏治（大阪支部）
西川　浩之（静岡支部）
恒松　史帆（福岡支部）
西塔　祐一郎（熊本支部）
大野　友裕（福岡支部）

目　次

はじめに

第1　成年後見監督制度の概要 ……………………………………………… 2
　　1　平成11年の民法改正 ………………………………………………… 2
　　2　家庭裁判所による監督 ……………………………………………… 2
　　　(1)　法定後見の場合 …………………………………………………… 2
　　　(2)　任意後見の場合 …………………………………………………… 3
　　3　後見監督人による監督 ……………………………………………… 3
　　　(1)　法定後見監督人の場合 …………………………………………… 3
　　　(2)　任意後見監督人の場合 …………………………………………… 4
　　4　家庭裁判所による監督と後見監督人による監督の関係 ………… 4

第2　成年後見制度の現状と成年後見監督制度の必要性 …………………… 5
　　1　成年後見制度の現状 ………………………………………………… 5
　　2　成年後見監督制度の必要性 ………………………………………… 6

第3　家庭裁判所による後見監督の現状 …………………………………… 7
　　1　親族後見人，専門職後見人，市民後見人に対する対応 ………… 7
　　2　家庭裁判所の後見監督の現状 ……………………………………… 7

第4　実務における監督人の役割──求められる監督人像 ……………… 10
　　1　監督人の活用の現状 ………………………………………………… 10
　　2　家庭裁判所が専門職監督人を選任する場合 ……………………… 10
　　3　親族後見人の特長と問題点 ………………………………………… 11
　　4　親族後見人に対する支援の現状と監督人の役割 ………………… 12
　　　(1)　親族後見人に対する支援の現状 ………………………………… 12
　　　(2)　実務における監督人の役割──求められる監督人像 ………… 12

目　次

第1章　監督人の選任

第1　法定後見監督人の選任 …………………………………………………………… 18
　　1　選任の契機・時期・申立て又は職権による選任・考慮事情，欠格事由 …… 18
　　　(1)　監督人の選任の契機 ………………………………………………………… 18
　　　(2)　選任の時期 …………………………………………………………………… 18
　　　(3)　申立て又は家庭裁判所の職権による選任 ………………………………… 18
　　　(4)　監督人の選任に際して家庭裁判所が考慮すべき事情 …………………… 19
　　　(5)　監督人の欠格事由 …………………………………………………………… 19
　　　　　ア　後見人の配偶者，直系血族及び兄弟姉妹 …………………………… 19
　　　　　イ　後見人の欠格事由に該当する者 ……………………………………… 20
　　2　複数の監督人・法人の監督人 ……………………………………………………… 20
　　　(1)　複数の監督人 ………………………………………………………………… 20
　　　(2)　法人の監督人 ………………………………………………………………… 20
　　3　実務ではどのような者が監督人に選任されるか ………………………………… 21
　　4　監督人の選任の審判の手続 ………………………………………………………… 22
　　　(1)　審判事項 ……………………………………………………………………… 22
　　　(2)　監督人の選任の審判 ………………………………………………………… 22

第2　任意後見監督人の選任 …………………………………………………………… 23
　　1　選任の契機・要件・考慮事情，欠格事由 ………………………………………… 23
　　　(1)　任意後見監督人の選任＝任意後見契約の効力発生 ……………………… 23
　　　(2)　任意後見契約の効力を発生させるための任意後見監督人の選任の要件 …… 23
　　　　　ア　任意後見契約が登記されていること ………………………………… 23
　　　　　イ　精神上の障害により本人の事理を弁識する能力（判断能力）が
　　　　　　　不十分な状況にあること ………………………………………………… 23
　　　　　ウ　本人，配偶者，四親等内の親族又は任意後見受任者の請求 ……… 24
　　　　　エ　本人の同意 ……………………………………………………………… 24
　　　　　オ　任意後見法4条1項1号から3号までに該当しないこと ……………… 24
　　　　　カ　任意後見契約の効力を発生させるための任意後見監督人の選任の

　　　　審判がされること ………………………………………………… 25
　　⑶　任意後見監督人の選任に際して家庭裁判所が考慮すべき事情 …… 26
　　⑷　任意後見監督人の欠格事由 ……………………………………………… 26
2　複数の任意後見監督人・法人の任意後見監督人 ………………………… 27
　　⑴　任意後見監督人の資格 ……………………………………………… 27
　　⑵　複数の任意後見監督人 ……………………………………………… 27
　　⑶　法人の任意後見監督人 ……………………………………………… 27
3　実務ではどのような者が任意後見監督人に選任されるか ……………… 28
　　⑴　任意後見契約条項に記載されている任意後見監督人候補者 ………… 28
　　⑵　任意後見監督人の第三者性 ……………………………………… 28
4　任意後見監督人の選任の手続 ……………………………………………… 29
　　⑴　任意後見監督人が選任される場合 ……………………………… 29
　　⑵　管轄裁判所 ……………………………………………………… 29
　　⑶　申立人 …………………………………………………………… 30
　　⑷　家庭裁判所における任意後見監督人選任の審判の審理 ………… 30
　　　ア　本人の精神の状況に関する意見（診断の結果等）の聴取 …………… 30
　　　イ　本人の陳述並びに任意後見監督人となるべき者及び任意後見受任
　　　　者の意見の聴取 ……………………………………………………… 31
　　　　㋐　本人の陳述の聴取 ……………………………………………… 31
　　　　㋑　任意後見監督人となるべき者及び任意後見受任者の意見の聴取 …… 31
　　　ウ　本人の同意，任意後見受任者に欠格事由・不適格事由がないこと，
　　　　任意後見監督人候補者に欠格事由がないこと，任意後見契約の締結に
　　　　必要な意思能力等の実体的要件の具備 ……………………………… 32
　　　エ　本人の親族に対する意向照会 ……………………………………… 32
　　　オ　任意後見契約の内容の適否は審判の対象外 ……………………… 32
　　　カ　申立ての取下げの制限 ……………………………………………… 33
　　　　㋐　申立ての取下げが制限される場合及びその趣旨 ………………… 33
　　　　㋑　申立ての取下げが許可される場合 ………………………………… 33
　　⑸　審　判 ……………………………………………………………… 34
　　　ア　任意後見契約の効力を発生させるための任意後見監督人の選任
　　　　の審判 ……………………………………………………………… 34

目次

  イ 任意後見監督人が欠けた場合及び任意後見監督人を更に選任する
   場合における任意後見監督人の選任の審判 ･････････････････････ 34
 (6) 後見開始の審判等の取消し ･･････････････････････････････････････ 34
 5 任意後見監督人の辞任・死亡 ･･ 35

第2章　監督人の義務と権限

第1　法定後見監督 ･･･ 38
 1 監督人の義務 ･･ 38
  (1) 善管注意義務 ･･ 38
  (2) 本人の意思の尊重及び身上配慮義務 ･･･････････････････････････ 38
 2 監督人の権限 ･･ 39
  (1) 後見人の事務の監督 ･･ 39
   ア 財産目録の作成への立会い ･･････････････････････････････････ 39
   イ 監督人から後見人への報告請求 ･･････････････････････････････ 39
    (ア) 後見人に対する後見の事務の報告の請求 ････････････････････ 40
    (イ) 後見人に対する財産の目録の提出の請求 ････････････････････ 40
    (ウ) 後見の事務又は被後見人の財産の状況の調査 ････････････････ 40
   ウ 家庭裁判所への本人財産の後見の事務についての必要な処分の請求 ･･･ 40
   エ 後見人の解任請求 ･･ 41
    (ア) 解任の事由 ･･ 41
    (イ) 解任の裁判例（未成年後見の事例を含む。）･･････････････････ 41
    (ウ) 後見人の解任の審判の手続 ････････････････････････････････ 42
   オ 後見人の任務終了時の管理計算の立会い ････････････････････ 43
    (ア) 監督人の「立会い」････････････････････････････････････ 44
    (イ) 民法871条違反の効果等 ････････････････････････････････ 45
  (2) 後見人が欠けた場合の後任者選任の請求 ･････････････････････ 45
  (3) 急迫の事情があるときの必要な処分 ･････････････････････････ 46
   ア 意　義 ･･･ 46
   イ 保佐監督人・補助監督人の場合 ･･････････････････････････ 46

(4)　利益相反の場合の代理 …………………………………………… 47
　　　ア　「利益相反行為」 ……………………………………………… 47
　　　イ　「その代表する者」 …………………………………………… 47
　　　ウ　保佐監督人・補助監督人の場合 ……………………………… 48
　(5)　後見人の営業等の同意 …………………………………………… 48
　3　家庭裁判所への報告義務の有無と実務上の扱い ………………… 48

第2　任意後見監督 ……………………………………………………… 50
　1　任意後見監督人の義務 ……………………………………………… 50
　(1)　善管注意義務 ……………………………………………………… 50
　(2)　本人の意思の尊重及び身上配慮義務 …………………………… 50
　2　任意後見監督人の権限 ……………………………………………… 50
　(1)　任意後見人の事務の監督 ………………………………………… 50
　　　ア　任意後見監督人から任意後見人への報告請求 ……………… 51
　　　イ　任意後見人の解任請求 ………………………………………… 51
　(2)　任意後見人の事務の家庭裁判所への定期的な報告 …………… 52
　　　ア　家庭裁判所の任意後見監督人に対する監督 ………………… 52
　　　　(ア)　任意後見監督人の事務の調査 …………………………… 52
　　　　(イ)　任意後見監督人の職務に関する処分等 ………………… 52
　　　　(ウ)　任意後見監督人に対する指示 …………………………… 53
　　　イ　任意後見人の事務の家庭裁判所への定期的な報告 ………… 53
　　　ウ　定期の報告をすべき時期及び内容の指示 …………………… 53
　(3)　監督以外の職務 …………………………………………………… 53
　　　ア　急迫の事情があるときの必要な処分 ………………………… 54
　　　イ　利益相反の場合の代理 ………………………………………… 54
　3　家庭裁判所への報告 ………………………………………………… 54

第3章 法定後見監督人の職務

第1 家庭裁判所の選任の意図と監督の実務 ……………………………………… 56
 1 第三者の後見人や監督人が選任されるケース ……………………………… 56
  【後見人に第三者が選任されたり，監督人が選任される例】 ……………… 57
 2 後見開始と同時に監督人が選任される場合 ………………………………… 58
 3 事後的に監督人が選任される場合 …………………………………………… 59
 4 監督人に期待される役割 ……………………………………………………… 59
 5 家庭裁判所と監督人の関係 …………………………………………………… 60
 6 保佐監督人，補助監督人について …………………………………………… 62

第2 監督事務の全体の流れ（後見開始と同時選任の場合） ……………………… 63

第3 監督人の就任直後の職務 …………………………………………………… 64
 1 審判書謄本受領から確定まで ………………………………………………… 64
  (1) 監督人の選任の審判 ………………………………………………………… 64
  (2) 事件記録の閲覧，謄写 ……………………………………………………… 64
  (3) 後見人への就任通知 ………………………………………………………… 65
   〈最初の見極めが重要〉 ……………………………………………………… 65
   【図表3-1】監督人就任通知の中で指示又は説明すべき事項 …………… 66
 2 後見開始の審判確定から財産目録の作成まで ……………………………… 66
  (1) 後見人・本人との面談 ……………………………………………………… 66
   ア 後見人との面談 ………………………………………………………… 66
    〈後見人による不祥事の原因として考えられる事情〉 …………………… 67
    Q 初回面談の際は，どのようなことに重点を置いて説明したらよいでしょうか。 … 68
   イ 本人との面談 …………………………………………………………… 69
    Q 本人との面談の際には，どのようなことに注意すべきでしょうか。 … 69
   ウ 関係者との面談 ………………………………………………………… 69
  (2) 後見人への職務の説明 ……………………………………………………… 69

	ア	後見人の職務の説明のポイント ………………………………	69
	(ア)	就任直後の職務の説明 ……………………………………	70
	(イ)	就任中の職務の説明 ………………………………………	70
		【図表3−2】後見人の職務内容 ………………………………	70
	(ウ)	後見人として注意が必要な事項 …………………………	71
		〈後見人からの相談について検討する際のポイント〉 ……	72
		①親族に対する扶養 ………………………………	72
		②生計の同一回避 …………………………………	72
		③冠婚葬祭等における祝儀・香典 ………………	73
		④親族への贈与（1） ………………………………	73
		⑤親族への贈与（2） ………………………………	73
		⑥後見事務費の支出 ………………………………	74
		⑦後見人以外の親族からの見舞いの日当・旅費の支払請求 ………	74
	イ	監督人の職務の説明のポイント …………………………………	74
		【図表3−3】成年後見監督人の職務一覧 ……………………	74
		【図表3−4】保佐監督人及び補助監督人の職務	
		（成年後見監督人との相違点） …………………	75
(3)	後見人と本人との間の債権債務の確認 ………………………………		76
	ア	債権債務の申出の時期 ……………………………………………	76
	イ	債権債務の認定 ……………………………………………………	77
	ウ	債権債務の確認 ……………………………………………………	77
(4)	財産調査及び財産目録作成の立会い …………………………………		78
	ア	財産調査への立会い ………………………………………………	78
		〈金融機関への監督人の届出について〉 …………………………	79
	イ	財産目録作成への立会い …………………………………………	79
		Q　後見人が監督人の立会いを拒否している場合は、どのように対応したらよいでしょうか。	79
		〈財産目録作成前の支出について〉 ………………………………	80
(5)	課題解決の方法についての話合い ……………………………………		80
(6)	裁判所への報告及び財産目録等の提出 ………………………………		80
		【図表3−5】監督事務報告書作成のポイント ………………………	81

13

第4　監督人の就任中の職務 ……………………………………………… 82

1　後見人の事務の監督 ……………………………………………… 82

(1)　財産管理面における監督のポイント ………………………… 82

ア　日常的な収入・支出に対する監督 ……………………… 82

(ア)　年金，不動産収入 ……………………………………… 82

(イ)　定期的な支出 …………………………………………… 82

(ウ)　定期外の支出 …………………………………………… 83

| Q | 監督事務の中で，金銭出納帳の記載を確認したところ不自然な支出があったので，後見人に確認すると，親族が施設に入所中の本人と外出した際の親族の食事代が含まれていました。どのように対応すべきでしょうか。 | 83 |

イ　預貯金の変動に対する監督 ……………………………… 83

〈定期預貯金証書は必ず原本を確認しましょう〉 ………… 84

ウ　財産管理方法に対する監督 ……………………………… 84

(ア)　分別管理 ………………………………………………… 84

| Q | 〈後見人からの相談〉
分別管理をするに当たり，預貯金口座の名義はどうすべきですか。 | 84 |

(イ)　現金の管理 ……………………………………………… 84

| Q | 〈後見人からの相談〉
現金で管理するのに適切な金額はいくらですか。 | 85 |

(ウ)　預貯金の管理 …………………………………………… 85

〈異時選任の場合の金融機関等への届出について〉 ……… 85

(エ)　各種財産（不動産，自動車，債権，貴金属等）の管理 …… 86

| Q | 〈後見人からの相談〉
指輪を見つけたのですが，貸金庫などを借りて保管すべきでしょうか。 | 86 |

| Q | 〈後見人からの相談〉
本人名義の自動車がありますが，このまま管理しておくことに問題はありますか。 | 86 |

| Q | 〈後見人からの相談〉
本人所有の不動産を処分する必要がありますが，本人名義の不動産が幾つかある場合には，どのような順番で処分すればよいでしょうか。 | 87 |

(オ)　その他の手続 …………………………………………… 87

	エ	後見事務費用の支出 ………………………………………	87
	Q	後見人から，本人の施設に面会に行くのにタクシーを利用し，その費用を本人の財産から支出したいと相談を受けました。どのように対応すべきでしょうか。	87
	Q	本人所有の賃貸物件が多数あります。後見人から，これらの管理を不動産管理業者に委託したいと相談を受けた場合，どのように考えればよいですか。	88

(2) 身上監護面における監督のポイント ……………………………… 88
 ア　後見事務日誌を通しての監督 ……………………………………… 88
 イ　本人との面談による監督 …………………………………………… 88
 ウ　個別ケースによる監督人の対応 …………………………………… 89
  (ア)　施設入所・入院の場合 ………………………………………… 89
  (イ)　在宅の場合 ……………………………………………………… 89

	Q	後見人から，もともと旅行好きだった母を旅行に連れて行きたいが，その費用を本人の財産から支出してよいかとの相談を受けました。どのように考えるべきでしょうか。	89

2　監督人の同意が必要となる法律行為 ………………………………… 90
 (1)　監督人の同意を要する行為 ………………………………………… 90
  【図表3-6】成年後見監督人の同意を要する行為の一覧 …………… 90

	Q	民法13条3号の「重要な財産に関する権利の得喪を目的とする行為」には，どのようなものが該当しますか。	92
	Q	本人には1億円近い財産があります。月々の利用料が約10万円程度の施設に入所することは，民法13条3号の「重要な財産に関する権利の得喪を目的とする行為」に該当するのでしょうか。	93

 (2)　同意をする際の注意点 ……………………………………………… 93
 (3)　監督人の同意を欠く法律行為の効力 ……………………………… 94
3　監督人による報告請求 ………………………………………………… 94
 (1)　報告請求の趣旨，意義 ……………………………………………… 94
  〈監督のタイミングが重要〉 …………………………………………… 94
 (2)　定期報告の時期と提出書類 ………………………………………… 95
  ア　報告請求のタイミング …………………………………………… 95
  イ　報告請求の方法 …………………………………………………… 95
   【図表3-7】提出書類一覧 ………………………………………… 95

目　次

　　　　　〈通帳や領収書は必ず原本の確認を〉 ……………………………………… 95
　　4　家庭裁判所への定期報告・報酬付与の申立て ……………………………… 96
　　(1)　家庭裁判所への報告時期と報告事項 ……………………………………… 96
　　　　　【図表3－8】監督事務報告書作成のポイント …………………………… 96
　　(2)　報酬付与の申立て …………………………………………………………… 97
　　　　　〈監督報酬の受領について〉 ……………………………………………… 97
　　(3)　監督事務のための費用 ……………………………………………………… 98

| Q | 監督人に対する報酬付与審判の申立費用を，後見監督事務費用として本人の財産から支出することはできますか。 | 98 |

　　5　民法863条2項に基づく家庭裁判所への請求 ……………………………… 99
　　6　後見人が欠けた場合の選任請求 ……………………………………………… 100
　　　　　〈監督を継続することの是非〉 …………………………………………… 100
　　7　急迫の事情がある場合の必要行為 …………………………………………… 100

| Q | 急迫な事情がある場合とは，どのようなものが考えられますか。 | 101 |

| Q | 倒壊しそうな家屋を修繕するために業者と請負契約を締結する必要があるのですが，後見人とでなければ契約は締結できないと言っています。どうしたらよいでしょうか。 | 101 |

　　8　利益相反行為の代表 …………………………………………………………… 101
　　　　　〈利益相反行為の注意点〉 ………………………………………………… 102
　　　　　〈事実上の利益相反行為について〉 ……………………………………… 103
　　9　後見人の解任請求 ……………………………………………………………… 103
　　(1)　後見人の解任申立て ………………………………………………………… 103
　　　　　〈解任事由に当たるとされた例〉 ………………………………………… 104
　　(2)　職務停止・職務代行者の選任申立て ……………………………………… 104
　　　　　〈職務執行停止の審判の告知と効力発生時期について〉 ……………… 105

第5　監督人の就任中に生じる問題の解決 ………………………………………… 106
　　1　遺産分割協議（利益相反） …………………………………………………… 106
　　　　　〈監督人が遺産分割による取得金の入金確認を怠った事例〉 ………… 107

| Q | 本人が相続により不動産を取得しました。司法書士である監督人は，後見人からの依頼により，当該相続の登記業務を受託して本人の財産から報酬を得ることに問題はありますか。また，本人が所有不動産を売却したときに登記業務を行うことはできますか。 | 107 |

2　不動産の売却 …………………………………………………………… 108
　　⑴　重要財産に該当するか ………………………………………………… 108
　　⑵　監督人の同意がない売買の効果 ……………………………………… 108
　　⑶　後見人による無断の財産処分を防止するための対応 …………… 109
　　3　急迫な事情がある場合の必要行為 ………………………………… 109
　　4　後見人が欠けた場合の選任請求 …………………………………… 110
　　5　後見人に不正行為があった場合の対応 …………………………… 111

第6　監督人の終了時の職務 ……………………………………………… 113
　　1　本人死亡による終了（絶対的終了） ……………………………… 113
　　⑴　後見終了の登記 ………………………………………………………… 113
　　⑵　家庭裁判所への本人死亡の報告 ……………………………………… 113
　　⑶　後見事務終了時の管理計算の立会い ………………………………… 113
　　　　〈相続人の確定〉 ………………………………………………………… 114
　　　　【図表3-9】管理計算の報告の相手方 ……………………………… 114
　　⑷　家庭裁判所への管理計算終了の報告及び報酬付与審判の申立て … 114
　　⑸　相続人への財産の引渡し ……………………………………………… 114
　　　　Q　相続財産の引渡しの際には，どのようなことに気をつけるべきでしょうか。 … 115
　　⑹　家庭裁判所への財産引継ぎ完了の報告 …………………………… 115
　　　　【図表3-10】財産引継時の監督のポイント ……………………… 116
　　2　後見人の交替による終了（相対的終了） ………………………… 116
　　3　監督人の辞任・解任について ……………………………………… 117
　　⑴　監督人の辞任 …………………………………………………………… 117
　　⑵　監督人の解任 …………………………………………………………… 117
　　　　【図表3-11】監督人の解任・辞任の勧告に至った背景 ………… 118
　　　　〈後見人による不祥事の原因として考えられる事情〉 …………… 118

目　次

第4章　任意後見監督人の職務

第1　任意後見監督人の選任と任意後見監督の実務 ………………………… 122
　　1　任意後見監督人の選任について ………………………………………… 122

第2　任意後見監督事務の全体の流れ ………………………………………… 123
　　【参考】任意後見監督と法定後見監督の違い ……………………………… 124

第3　任意後見監督人の就任直後の職務 ……………………………………… 125
　　1　審判書謄本受領 …………………………………………………………… 125
　　(1)　任意後見監督人の選任の審判 ………………………………………… 125
　　(2)　事件記録の閲覧，謄写 ………………………………………………… 125
　　　　【任意後見契約書の確認の際のポイント】 …………………………… 125
　　(3)　任意後見人への就任通知 ……………………………………………… 126
　　2　任意後見開始から財産目録の作成まで ………………………………… 126
　　(1)　任意後見人・本人との面談 …………………………………………… 126
　　　ア　任意後見人との面談 ………………………………………………… 126
　　　イ　本人及び関係者との面談 …………………………………………… 126
　　(2)　任意後見人への職務の説明 …………………………………………… 127
　　　ア　任意後見人の職務の説明のポイント ……………………………… 127
　　　　　〈定期報酬以外の日当や報酬の受領があった事例〉 ……………… 127
　　　　　【就任時の確認事項】 ………………………………………………… 128
　　(3)　後見人と本人との間の債権債務の確認 ……………………………… 128
　　(4)　財産調査及び財産目録作成の立会い ………………………………… 128
　　(5)　課題解決の方法についての話合い …………………………………… 129
　　　　　〈任意後見では，本人を支援するのに限界があった事例〉 ……… 129
　　(6)　裁判所への報告及び財産目録等の提出 ……………………………… 130

第4　任意後見監督人の就任中の職務 ………………………………………… 131
　　1　任意後見人の事務の監督 ………………………………………………… 131

(1) 財産管理面における監督のポイント ································· 131
　　　　ア　任意後見人の権限と義務，任意後見監督人の同意を要する法律行為‥131
　　　　イ　財産の管理方法について ······································ 131
　　　　ウ　定期報告の時期について ······································ 132
　　　　エ　報酬について ·· 132
　　　(2) 身上監護面における監督のポイント ································· 132
　　2　任意後見監督人の同意が必要となる法律行為 ·························· 132
　　3　任意後見監督人による報告請求 ···································· 133
　　　(1) 報告請求の趣旨，意義 ··· 133
　　　(2) 定期報告の時期と提出書類 ······································· 133
　　4　家庭裁判所への定期報告・報酬付与の申立て等 ························ 134
　　　(1) 家庭裁判所への報告時期と報告事項 ······························· 134
　　　(2) 報酬付与の申立て ··· 135
　　　(3) 監督事務のための費用 ··· 135

第5　任意後見監督人の就任中に生じる問題の解決 ··················· 136
　　1　遺産分割協議（利益相反） ·· 136
　　2　不動産の売却（非居住用・居住用） ································ 136
　　3　家庭裁判所への本人財産に対する必要な処分の請求 ·················· 136
　　4　急迫な事情がある場合の必要行為 ·································· 137
　　5　任意後見人が欠けた場合 ·· 137
　　　〈任意後見人が急死して任意後見契約が終了してしまった事例〉 ············ 137
　　6　任意後見人に不正行為があった場合の対応 ·························· 138

第6　任意後見の終了時の職務 ································· 139
　　1　任意後見契約の終了 ·· 139
　　　(1) 任意後見終了の登記 ··· 139
　　　(2) 任意後見人から任意後見監督人への任意後見終了の報告 ··············· 139
　　　(3) 家庭裁判所への任意後見終了の報告及び報酬付与審判の申立て ········· 140
　　　(4) 本人又は相続人などへの財産の引渡し ····························· 140
　　　(5) 家庭裁判所への財産引継ぎ完了の報告 ····························· 140

目　次

　　2　任意後見監督人の辞任・解任 …………………………………………… 141
　　　(1)　任意後見監督人の辞任 ………………………………………………… 141
　　　(2)　任意後見監督人の解任 ………………………………………………… 141

第5章　書式からみる後見監督の職務と流れ

第1　後見開始の申立て …………………………………………………………… 144
　　【事　案】………………………………………………………………………… 144

第2　後見の開始 …………………………………………………………………… 145
　　1　後見開始の審判 ……………………………………………………………… 145
　　　【書式例1】　後見開始の審判書 ……………………………………………… 145
　　2　後見監督事務に向けての準備 ……………………………………………… 146
　　　【書式例2】　成年後見監督人就任のご連絡 ………………………………… 146

第3　成年後見監督人の就任直後の職務 ………………………………………… 149
　　1　成年後見人との面談 ………………………………………………………… 149
　　　【書式例3】　債権債務申出書 ………………………………………………… 149
　　2　家庭裁判所へ財産目録及び収支予定表の提出 …………………………… 150
　　　【書式例4】　後見監督事務報告書 …………………………………………… 150

第4　成年後見監督人の就任中の職務 …………………………………………… 153
　　1　成年後見監督人による報告請求 …………………………………………… 153
　　　【書式例5】後見事務報告書提出依頼書 ……………………………………… 153
　　2　成年後見人からの定期報告 ………………………………………………… 154
　　　【書式例6】後見事務報告書 …………………………………………………… 154
　　3　居住用不動産の処分 ………………………………………………………… 157
　　　(1)　成年後見監督人の同意 ……………………………………………… 157
　　　　【書式例7】同意書 …………………………………………………………… 157
　　　(2)　居住用不動産処分許可の申立て …………………………………… 158

20

　　　　　【書式例8】居住用不動産処分許可申立書 …………………………… 158
　　4　家庭裁判所へ臨時の報告 ………………………………………………… 160
　　　　　【書式例9】後見監督事務報告書（臨時報告）……………………… 160

第5　成年後見監督人の終了時の職務 ……………………………………………… 163
　　　　　【書式例10】成年後見監督人辞任許可申立書 ……………………… 163

第6章　書式集

　　【資料1-1】　審判書（同時選任）………………………………………… 166
　　【資料1-2】　審判書（異時選任）………………………………………… 167
　　【資料2】　　閲覧・謄写申請書 …………………………………………… 168
　　【資料3】　　成年後見監督人就任通知 …………………………………… 169
　　【資料4】　　後見業務についての注意事項と心構え …………………… 171
　　【資料5】　　成年後見人連絡先 …………………………………………… 175
　　【資料6】　　情報管理票 …………………………………………………… 176
　　【資料7】　　後見人の債権債務に関する確認書 ………………………… 180
　　【資料8】　　後見監督事務報告書（就任時）…………………………… 181
　　【資料9】　　同意書 ………………………………………………………… 182
　　【資料10】　後見事務報告書提出依頼書 ………………………………… 183
　　【資料11】　後見事務報告書 ……………………………………………… 184
　　【資料12】　後見監督事務報告書（定期報告）………………………… 187
　　【資料13】　後見監督人報酬付与申立書 ………………………………… 189
　　【資料14】　後見事務に関する処分申立書 ……………………………… 190
　　【資料15】　後見人選任申立書（欠員補充）…………………………… 192
　　【資料16】　後見人解任申立書 …………………………………………… 194
　　【資料17】　後見監督事務報告書（死亡時報告）……………………… 196
　　【資料18】　管理計算終了報告書 ………………………………………… 197
　　【資料19】　後見監督事務報告書（管理計算終了時）………………… 198
　　【資料20】　管理財産引継代表相続人決定通知書 ……………………… 200

【資料21】	財産引渡日のご連絡	201
【資料22】	委任状	202
【資料23】	財産受領書	203
【資料24】	後見監督事務終了報告書（財産引継完了時）	204
【資料25】	後見監督人辞任許可申立書	205
【資料26】	任意後見監督人就任通知	207

おわりに――成年後見監督制度の課題と展望

1　家庭裁判所による後見監督の強化 …………………………………………… 210
2　監督人の活用 ………………………………………………………………… 211
　(1)　監督人の資質の問題 …………………………………………………… 211
　(2)　報酬の問題 ……………………………………………………………… 211
　(3)　人的資源の問題 ………………………………………………………… 211
3　社会全体が成年後見制度を支える方向へ …………………………………… 212

はじめに

はじめに

第1 成年後見監督制度の概要[1]

1 平成11年の民法改正

　平成11年に民法が改正され，新しい成年後見制度（成年後見，保佐，補助，任意後見の制度を以下，「成年後見制度」といいます。）が導入されるとともに，成年後見監督制度（成年後見監督，保佐監督，補助監督，任意後見監督の制度を以下，「成年後見監督制度」といいます。）も幾つかの点で改正されました。

　法定後見においては，後見監督を家庭裁判所と監督人に担わせるという点は，そのまま継承されましたが，前者に対しては現行規定（民863条。以下，条文は後見についてのみ記載）のままだったのに対して，後者に対しては，以下の改正が行われました。改正点として，①職権による監督人の選任と被後見人による選任請求権を認めたこと（民849条），②法人監督人や複数監督人を認めたこと（民852条による同法843条4項，同法859条の2の準用），③保佐監督人や補助監督人の創設（民876条の3，同法876条の8），④監督人に対する報酬の付与が可能となったこと（民852条による同法862条の準用）が挙げられます。

　これらの改正は，監督人に対する監督制度充実の観点からなされたものです。特に，旧法下では，監督人の選任は被後見人の親族や後見人の請求によるものとなっていましたので，ほとんど選任されていませんでした。職権による監督人選任の道を開いたことと監督人に対して報酬を付与することが可能となったことで監督人の適任者を確保しやすくなりました。そのことにより，家庭裁判所による後見監督に加えて，監督人による後見監督という制度を活用できることとなった意義は大きいものがあります[2]。

　また，新しく創設された任意後見においては，必置機関として任意後見監督人が創設されました（任意後見監督人の選任が任意後見契約発効の条件となっています。任意後見2条1号）。

2 家庭裁判所による監督

(1) 法定後見の場合

　家庭裁判所は，いつでも，後見人に対し後見事務の報告や財産目録の提出を求めることができ，又は，後見事務や被後見人の財産状況の調査をすることができます（民863条1項）。さらに，監督人，親族等の請求又は職権にて，後見事務について必要な処分を命ずることができます

(民863条2項)。必要な処分とは，後見事務に関して監督上必要な一切の措置をいいます[3]。

そして，家庭裁判所は，後見人に不正な行為等があった場合には，監督人，親族等の請求又は職権にて，後見人を解任することができます（民846条）。また，親族等の請求又は職権にて，監督人を選任することもできます（民849条）。

(2) 任意後見の場合

任意後見の場合は，法定後見の場合と異なり，家庭裁判所は任意後見監督人を通して間接的に監督していくシステムを採用しています。家庭裁判所は，任意後見監督人に対して，任意後見人の事務の報告を求め，任意後見人の事務や本人（以下，任意後見契約の委任者を「本人」といいます。）の財産状況の調査を命じ，任意後見監督人の職務に対し必要な処分を命ずることができます（任意後見7条3項）。任意後見の場合には，職権による任意後見人の解任はできません。任意後見監督人や親族等の請求によって任意後見人を解任できます（任意後見8条）。

3 後見監督人による監督 (以下，法定後見監督人，任意後見監督人を合わせて「後見監督人」といいます。)

(1) 法定後見監督人の場合

監督人の職務内容としては，民法851条で，①後見人の事務を監督すること，②後見人が欠けた場合に，遅滞なくその選任を家庭裁判所に請求すること，③急迫の事情がある場合に，必要な処分をすること，④後見人と被後見人との利益が相反する行為について被後見人を代表することが規定されています。

①が主たる職務であり，監督人は，いつでも，後見人に対して後見事務の報告，財産目録の提出を求め，後見事務，財産の状況を調査することができますし（民863条1項），家庭裁判所への後見事務に関する必要な処分請求（民863条2項）や後見人の解任請求（民846条）もできます。

さらに，後見人が，被後見人に代わって営業を行うとき若しくは民法13条1項各号の行為（ただし，1号のうち「元本の領収」を除く。）をするときは，監督人の同意が必要です（民864条本文）。後見人が，監督人の同意を得ずに上記の行為を行った場合は，被後見人又は後見人は，その行為を取り消すことができます（民865条1項）。ただし，保佐監督や補助監督には，民法864条の規定が準用されていませんので，保佐人や補助人が営業若しくは民法13条1項各号の行為をするときでも，保佐監督人や補助監督人の同意を必要とされていません（第3章第1の6（62頁）参照）。

(2) 任意後見監督人の場合

　任意後見監督人の職務としては，①任意後見人の事務の監督，②家庭裁判所への定期的報告，③急迫の事情がある場合に任意後見人の代理権の範囲内で必要な処分をすること，④任意後見人と本人との利益が相反する行為について本人を代表すること（任意後見7条1項各号）です。①が主たる職務であり，そのために，任意後見監督人から任意後見人への報告請求権等がある（任意後見7条2項）のも法定後見監督人と同じです。

4　家庭裁判所による監督と後見監督人による監督の関係

　法定後見監督の場合，家庭裁判所は，監督人が選任されていたとしても，必要な場合は，直接に後見人を監督できます（民863条1項）。そして，監督人の選任も家庭裁判所による広い意味での後見監督の一種と考えることができます。それに対して，任意後見監督の場合，家庭裁判所は，直接に任意後見人を監督することができません。家庭裁判所の監督は，任意後見監督人の報告を通じての間接的な監督に止まります。

　そして，法定後見監督人と任意後見監督人は，成年後見人の職務の適正を担保するために置かれる機関である点は共通していますが，法定後見監督人は，任意機関（「必要があると認めるとき」（民849条）に選任）であるのに対し，任意後見監督人は，必置機関である点が異なります。

第2 成年後見制度の現状と成年後見監督制度の必要性

1 成年後見制度の現状

　平成12年4月に成年後見制度が開始されてから，その利用件数は確実に増加してきています。ちなみに，平成25年12月末日現在で，成年後見制度の利用者数は176,564人で，平成22年から平成25年までの間に，年平均約12,000人ずつ増加しています[4]。このまま推移すると仮定して単純に計算すれば，平成36年には，利用者数は30万人を突破することになります。

　利用件数が増加する一方で，親族の後見人の不正行為の発生が問題となっています。最高裁判所事務総局家庭局の調査によれば，平成22年6月から平成24年3月までの22か月間で親族後見人等（親族の成年後見人，保佐人，補助人及び未成年後見人）による不正行為は判明しただけでも538件（うち未成年後見人選任事件は63件），被害総額は約52億6,000万円でした。毎月24件程度の不正行為が発覚し，約2億4,000万円の被害が判明しており，1日当たり約800万円の被害が発生していることになります。同じ期間中の専門職後見人（司法書士，弁護士，社会福祉士等）の不正行為は，12件，被害総額は約2億円です[5]。専門職後見人に比較すると，親族後見人等の不正行為がいかに多いかが分かります。

　このような親族後見人等の不正行為の増加を反映してでしょうか[6]，親族後見人（親族の成年後見人，保佐人，補助人を，以下，「親族後見人」という。）が選任される割合が，平成12年度は，約91％もあったのですが，徐々にその割合は減り続け，平成24年には初めて5割を切って約48.5％となり，平成25年には，さらに減少して約42.2％となりました[7]。

　一方で，平成25年に発表された厚生労働省資料[8]によれば，65歳以上の高齢者のうち，認知症の人は，平成24年時点で推計15％で，約462万人，認知症になる可能性がある軽度認知障害（MCI）の人が約380万人とされています。さらに，内閣府の資料[9]によれば，精神障害者が約320万人，知的障害者が約55万人といわれます。先に成年後見制度の利用が増えていると述べましたが，実際は，必要とされているニーズに，現在の成年後見制度はまだ十分に応えきれていない状況です。

　このような状況の下で，後見人の受け皿として，親族後見人よりも第三者後見人，特に，専門職後見人を選任する割合が増えていますが，このまま推移するとすれば，専門職後見人の今後の供給は明らかに不十分であるとの指摘がなされています[10]。そこで，親族後見人でなく，専門職後見人でもない市民後見人[11]に期待が集まってきていますが，まだまだ将来は明確で

はじめに

はありません。

　振り返ってみれば，日本の成年後見制度において，後見人の受け皿という観点でみた場合には，親族後見人の占める位置は極めて大きなものがあります。選任される割合が減少したといっても5割近くあるわけで，親族後見人の存在なくして，日本の成年後見制度は存在しないという現状でもあるということができます。したがって，親族後見人の選任割合が著しく低下しているということは，今後ますます顕在化してくるであろう後見人の受け皿の問題をどうしていくかという視点からは大変由々しき問題であるといえます。

　親族後見人の不正行為の防止を図りつつ，後見人の受け皿として親族後見人の可能性を拡げていくためにはどうすればよいのかという課題が浮かび上がってきます。さらに，専門職後見人の不正行為は，発生件数は少ないとはいえ社会に与える影響は大きく，その防止を図っていかなければなりません。そして，今後の後見人の受け皿の拡大を図るため，市民後見人の養成を推し進める必要がありますが，ここでも市民後見人に対する監督・支援をどうするのかという課題があります。

2　成年後見監督制度の必要性

　後見人は，判断能力が不十分で自ら財産の管理をできない被後見人に代わって，被後見人のために財産を管理し，その財産を被後見人の生活を支援していくために計画的に活用していくという役割を有しています。我が国の後見人は包括的で大きな権限が法律上与えられており，もし，後見人がその権限を濫用し，被後見人の財産を費消したり，流用したりすれば，被後見人の生活は危機的状況に陥ってしまい，ひいては，成年後見制度に対する社会の信頼が大きく揺らいでしまうことにもなりかねません。そこで，後見人が不正行為を行わないように，また，被後見人のために後見人としての事務を適切に遂行しているかどうかを監督するために，成年後見監督制度があります。

　したがって，成年後見監督制度は，成年後見制度をしっかりと支える役割を担っている制度であるといえます。我が国では，成年後見監督制度は，家庭裁判所による後見監督と監督人による後見監督によって推し進められています。次に，この2つの後見監督の現状等について，もう少し詳しく述べてみます。

第3 家庭裁判所による後見監督の現状

1 親族後見人，専門職後見人，市民後見人に対する対応

　親族後見人の不正行為の防止のために，家庭裁判所が採った対応としては，①家庭裁判所の限られた人的資源の下ではあるが，家庭裁判所による後見監督の具体的運用について様々な工夫をしてきたこと，②平成24年2月1日から後見制度支援信託[12]の運用を開始したこと，③専門職による後見人や監督人を活用することを挙げることができます。

　また，専門職後見人の不正行為の防止のためには，専門職団体による指導・監督の体制を念頭において，東京家庭裁判所は，①専門職団体における名簿未登載者[13]は原則として後見人に選任しないこと，②専門職後見人に対しても後見事務報告書の提出を1年ごととすること，③督促によっても報告書を提出しない場合は同種の専門職を後見人に追加選任又は監督人に選任したり，辞任を促したり，解任をしたりする等，監督を強める運用を平成25年6月から始めています[14]。

　さらに，市民後見人に対しては，単に所定の研修を受講したというだけではなく，①市民後見人を養成・支援する団体（多くは社会福祉協議会）が監督人となること，②市民後見人を支援する後見支援センターによる指導・支援が確立されていること，③専門職後見人が市民後見人と複数で後見人となっていること等の監督・支援体制が整っていること等のいずれかを条件として，家庭裁判所は後見人として選任しています[15]。

2 家庭裁判所の後見監督の現状

　家庭裁判所の後見等監督処分は，次頁の【表1】のとおり，平成20年までは年々増加する一方でしたが，平成21年からはやや減少し始め，平成22年には前年に比べて約1万件も減少しています。ここでいう後見等監督処分とは，家事事件手続法に基づく家庭裁判所が行う家事審判事項です（家事法別表第一の14の項・34の項・53の項，旧家審9条1項甲類21号）。主な事項として，後見人に対して後見事務報告を求める等の処分があります（民863条）。毎年，成年後見制度の新規利用の件数が増加しているわけですから，全部の後見事件について後見等監督処分をするとしたならば，この監督処分の件数は年々増大していかなければなりません。専門職後見人の場合には，家庭裁判所は，後見等監督処分をせずに自主的に後見業務報告書を定期的に提出す

はじめに

るように促していますので，この分の件数は省くとしても，親族後見人に対する後見等監督処分が全ての事件について行われているかどうか大変心許ない数字です。

【表1】後見等監督処分・後見監督人選任等の新受件数[16]

	平成12年	平成13年	平成14年	平成15年	平成16年	平成17年	平成18年
後見等監督処分(甲21)	3,669	7,096	12,454	18,250	25,396	32,004	40,281
後見人等の解任(甲16)	71	110	153	204	195	294	297
成年後見監督人の選任	76	124	196	234	166	234	1,071
保佐監督人の選任	5	8	22	15	21	29	38
補助監督人の選任	4	2	3	7	4	2	9
任意後見監督人の選任	26	93	134	188	222	294	365

	平成19年	平成20年	平成21年	平成22年	平成23年	平成24年
後見等監督処分(甲21)	53,070	56,993	56,720	46,218	40,475	43,448
後見人等の解任(甲16)	372	431	443	480	582	883
成年後見監督人の選任	702	870	996	1,499	1,626	2,110
保佐監督人の選任	56	51	71	100	137	191
補助監督人の選任	7	12	24	31	24	41
任意後見監督人の選任	441	466	553	613	665	709

後見事件が増大していく中で，家庭裁判所内の限られた人員にもかかわらず，家庭裁判所は，後見監督事務のうち省略できるところはできるだけ省略し[17]，監督のやり方にメリハリを付けて，参与員を活用するなど様々な工夫をしながら，後見監督を実施してきました。例えば，東京家庭裁判所本庁（後見センター）では，親族後見人の監督・支援という点でみても，①親族後見人の選任当初の支援のために専門職後見人を期間限定で選任したり，②親族後見人には，選任時に職務を理解してもらうため説明会を開催したり，③親族後見人に対し，選任直後だけでなく，その後に継続研修を開催したり，④他団体（公益社団法人成年後見センター・リーガルサポート東京支部や社会福祉協議会等）が開催する研修会の案内をしたり，場合によっては参加を促したり，⑤調査人（家事法124条1項）を専門職団体から推薦を受けて選任し調査を命じたり，⑥後見制度支援信託を活用したり等しています[18]。

　しかしながら，全国全ての家庭裁判所の本庁や支部において，東京家庭裁判所本庁のような親族後見人に対する細やかな支援・監督を行っていくことは，なかなか難しいのではないでしょうか[19]。前述しましたように，成年後見制度に対する潜在的ニーズは膨大なものがあり，現実的にもその利用が進んでいる状況において，裁判官や裁判所職員の増加があまり見込めない現状では，家庭裁判所の後見監督には限界があることは容易に想像できます[20]。

はじめに

第4 実務における監督人の役割——求められる監督人像

1 監督人の活用の現状

　平成12年4月に，新成年後見制度が開始してからの監督人選任の状況については，前掲の【表1】のとおりです。平成22年頃からやっと家庭裁判所も意識的に活用を検討し始めたといった状況ではないでしょうか。以下，法定後見監督人（監督人）について主に検討します。

　後見監督の点においては，平成11年の民法改正によって，監督人を職権で選任できるようになり，かつ，報酬の付与も可能となり，専門職を監督人に選任しやすくなったにもかかわらず，平成17年までは家庭裁判所はこの制度をあまり活用してこなかったといえます。平成18年は，障害者自立支援法の施行に伴う非常に多くの法定後見開始申立てがあって，これに対応するため家庭裁判所として監督人を選任した年であって，この年，監督人の選任件数が初めて1,000件を超え，前年度の4倍を超えました。この辺りから裁判所は監督人の制度を活用し始め，平成22年頃から親族後見人の不正行為を防止するための対策の一つとして，その活用を意識し始めたのではないでしょうか。

　そして，今までは専門職後見人の選任が圧倒的に多かったのですが，専門職監督人の選任も増えてきたということは，家庭裁判所が，親族後見人の不適切な行為や不正行為を防止するために，専門職を後見人に選任する場合と監督人に選任する場合とを事案の内容によって使い分ける工夫をし始めたものと考えられます。ちなみに，東京家庭裁判所においては，流動資産が数千万円を超える事案では，親族後見人に対して，専門職監督人を選任する取扱いが多くなる傾向にあるそうです[21]。

2 家庭裁判所が専門職監督人を選任する場合

　家庭裁判所は，必要があると認めるときは，被後見人，その親族若しくは後見人の請求により又は職権で，監督人を選任することができます（民849条）。それでは，ここでいう「必要があると認めるとき」とは，具体的にどのような場合をいうのでしょうか。

　東京家裁後見問題研究会[22]によれば，「一般論としていえば，後見センターでは，本人の財産管理等をより適正に行う観点から，親族後見人候補では不十分であり，専門職関与の必要性があると判断した場合」をいい，この場合に，専門職後見人や専門職監督人を選任することに

なるといいます。そして，具体例として，①親族間に被後見人の財産管理をめぐり紛争が生じている場合（この場合は，専門職後見人の選任となる。），②財産問題で第三者と紛争が生じている（又は生ずる可能性が高い）場合，③財産管理が適切に行われなかった事例を集積した結果から，財産状況等として，ア．被後見人に賃料収入等の事業収入がある場合，イ．被後見人の財産（流動資産）が多い場合（後見の開始後に流動資産の増加が見込まれる場合も含む。），ウ．後見人候補者が被後見人の財産を運用することを考えている場合，エ．被後見人の財産状況が不明確である場合，オ．後見人候補者が自己若しくは自己の親族のために被後見人の財産を利用（担保提供等を含む。）し，又は利用する予定がある場合，カ．後見人候補者が適正な後見等の事務を行わないリスクがある場合が挙げられています。②・③において，問題が深刻なケースは専門職後見人を選任することが多いと考えられますので，これらの場合に，親族後見人に対して専門職による支援・援助で足りると判断した場合に，専門職監督人が選任されていると思われます。

3 親族後見人の特長と問題点

次に，親族後見人に対して専門職監督人が最も多く選任されていると考えられますので，親族後見人の特長と問題点について検討しておきます。

親族後見人は，被後見人をよく知っている親族としての親愛なる感情に基づくきめ細やかな後見事務（特に，身上監護事務）が期待できるという特長があります。被後見人も自らの子等の親族が後見人となって世話してくれていると随分と安心なことでしょう。親族後見人の監督人を経験した筆者は，親子関係にある場合に，施設や入院先に，ほぼ毎日訪問する親族後見人の姿に接して，第三者後見人にはない親族後見人の良さを改めて思い知りました。日本における親族後見人の位置付けを被後見人の身上監護重視の視点から見直す作業も必要ではないでしょうか。

親族後見人の問題点として，①後見事務の知識や経験が不足している，②被後見人の財産と後見人としての自分の財産を混同しがちである，③親の財産は自分のものという意識が強く，親の財産を自分や自分の家族のために使うことに罪悪感が少ない，特に，親族後見人に多額の負債があったり，失業したり，事業が苦しいときなどに顕著に現れる，④親のために親の財産を積極的に使うと相続財産が減るので，親の身上監護のための積極的な財産の活用が消極的になる場合があり得るという意味で，利益相反的な関係に立つ等を挙げることができます[23]。

はじめに

4　親族後見人に対する支援の現状と監督人の役割

(1)　親族後見人に対する支援の現状

　親族後見人は，今まで家庭裁判所による後見監督の客体として考えられてきたわけであって，親族後見人に積極的な価値を見い出した上で，後見人の受け皿として育てていくという観点から検討されてはこなかったように思われます。

　親族も一旦後見人に選任されると義務違反や不正行為に対しては民事上，刑事上の責任を問われます。最高裁判所平成24年10月9日決定（刑集66巻10号981頁）[24]では，後見人の後見事務は公的な性格を有するという理由で，親族後見人に対して，刑法255条による244条1項（親族間の犯罪に関する特例）の準用を否定しました。つまり，被後見人が後見人の配偶者，直系血族又は同居の親族であって，この親族後見人が，これらの被後見人との間で横領罪を犯した場合，刑は免除されないことになります。

　一方で，公的な性格を有する後見事務を行っている親族後見人には，公的な支援制度は用意されていません。親族後見人には，①研修制度がない（せいぜい家庭裁判所による選任時の2時間程度の講習会がある程度であるが，この講習会さえもない家庭裁判所の本庁・支部も多いのではないでしょうか。），②後見活動の支援制度がない（家庭裁判所に対する問合せ程度で，具体的な相談に乗ってもらい，活動を支援してくれるような制度はない。），③損害賠償保険制度には当然加入していないという状況です。専門職後見人や市民後見人には，バラツキはあるものの，研修による養成制度，支援・監督制度，損害賠償保険制度があることと比較すると非常に心許ない状態です。親族後見人の不正行為の中には，適切な支援活動がなされていれば生じなかった事件も数多くあったのではないかと思います。親族後見人の不正行為の防止策としては，根底には，親族後見人の支援活動が制度的に構築される必要があります。

(2)　実務における監督人の役割――求められる監督人像

　親族後見人の後見人としての特長を活かしながら，後見人としての問題点を克服していくためのきめ細かな対応を家庭裁判所に期待するのは現状では困難ではないかと思います。この役割を担う者として，監督人の活用が注目され始めているわけです。

　したがって，監督人には，親族後見人の後見事務が適正になされていくように，本来的事務としての監督業務を行うとともに，親族後見人の相談に乗り，様々なアドバイスを行うといった支援業務の2つの業務をこなしていく役割を担うことが家庭裁判所からは期待されています。

　基本的には，監督人の役割は，後見人を監督することにあります。それも家庭裁判所の監督

よりもっと細やかな監督を実施することが期待されています。例えば，後見人の財産管理事務に対する監督として，事案によっては，親族後見人に，選任当初は1か月に1回のペースで通帳・現金出納簿・領収書等を持参させ精査することが必要な場合もあります。親族後見人が慣れてくれば，3か月に1回や6か月に1回の定期的監督で済むようになるかもしれませんが，最初は短期間での監督が必要なケースが多いようです。このように細やかな監督を実施することで，監督人として，不正行為をさせない，たとえ不正行為があったとしても早期に発見し，家庭裁判所に報告をし，善後策を検討する等々，監督という厳しい視点を根本的には持つ必要があります。さらに，後見人の身上監護事務に対する監督としては，後見人に面談した際に本人の状況を聞いたり，後見人に業務日誌をつけさせたり，場合によっては本人に面談するなどして，後見人の身上監護事務が適正に行われているか監督する必要があります。

そして，一方で，親族後見人に対する支援活動が制度的に保障されていない現状では，親族後見人に対する支援的な活動をすることは，後見監督を進めていく上で不可欠なことです。例えば，親族後見人が選任された当初には，後見人の役割や責任，事務内容，後見人として行ってはいけない行為，監督人の事前の同意が必要な行為等について丁寧な説明が必要です。選任当初の財産目録や収支予定表の作成の仕方や登記事項証明書の取得，金融機関への後見人の届出のやり方等についても支援が必要である場合がほとんどです。金銭出納帳の書き方や領収書の保管方法といったことも指導する必要がある場合があります。そして，親族後見人が後見活動をしていく上で日々突き当たる問題については，その都度相談に乗ることになります。

このように，監督人制度は，家庭裁判所よりもより細やかな監督事務を行い，マンツーマンで親族後見人の相談に乗り，適切な助言をすることにより親族後見人の後見事務の適正化を図り，ひいては不正行為の発生を防止していくという意味で，親族後見人の不正行為の防止を図りつつ，後見人の受け皿としての可能性を拡げていく制度として有意義な制度であるといえます。

専門職としては，監督人として業務を遂行していくことは，後見人として業務を遂行していくことよりも困難を伴うことが多い場合もありますが，この制度が親族後見人の地平を開いていく一助ともなっているという制度的意義を理解していただき，一人でも多くの専門職が監督人となって社会に貢献していただくことを願ってやみません。

はじめに

1) 本稿は，『財産管理の理論と実務（仮題）』（日本加除出版，近刊予定）に寄せた多田宏治「親族後見人に対する監督と支援」の論文の一部を加除修正したものであることをお断りしておきます。
2) 小林昭彦＝大門匡編『新成年後見制度の解説』（金融財政事情研究会，2000年）180頁以下。
3) 於保不二雄＝中川淳編『新版注釈民法（25） 親族（5）』〔中川淳〕（有斐閣，2004年）441頁。
4) 最高裁判所事務総局家庭局「成年後見関係事件の概況－平成25年1月～12月」。
5) 最高裁判所事務総局家庭局第一課長浅香竜太＝同局付内田哲也「後見制度支援信託の目的と運用」市民と法76号（2012年8月）13頁，17頁。
6) 東京家庭裁判所判事小西洋「東京家庭裁判所本庁（後見センター）における成年後見事件の実情と取組み」実践成年後見47号77頁。
7) 最高裁判所事務総局家庭局「成年後見関係事件の概況」平成12年～平成25年。
8) 「都市部における認知症有病率と認知症の生活機能障害への対応」（厚生労働省研究班代表者朝田隆筑波大学教授）。
9) 「平成25年版障害者白書」内閣府。
10) 上山泰「専門職後見人の現状と市民後見人システムの充実に向けて」実践成年後見28号63頁以下。
11) 市民後見人の定義はまだ定まってはいないのですが，ここでは，一応，「市民後見人とは，家庭裁判所から成年後見人等として選任された一般市民のことであり，専門組織による養成と活動支援を受けながら，市民としての特性を活かした後見活動を地域における第三者後見人の立場で展開する権利擁護の担い手のことである」（岩間伸之「市民後見人の養成・支援」実践成年後見42号8頁）としておきます。
12) 後見制度支援信託とは，本人の財産のうち，日常的な支払に必要な金銭は，預貯金として親族後見人の管理下に止め，日常的には使用しない金銭を信託銀行等に信託するものです（詳細は，前掲5) 浅香＝内田を参照）。
13) 専門職団体においては，後見人や監督人の候補者の名簿登載制度を有しています。各団体によって，名簿登載の要件は異なりますが，一定の研修を受講していること，各団体からの指導監督を受けること等を主な内容としています。そして，各団体は家庭裁判所に名簿未登載者を後見人・監督人候補者として推薦しません。専門職が名簿未登載であるにもかかわらず，自らを候補者として申立てをしてきた場合，東京家庭裁判所は，その者を後見人・監督人として選任しないという運用を始めました。
14) 前掲6) 小西78頁，80頁。
15) 大貫正男「広げよう市民後見人の活動」実践成年後見47号15頁以下。その他，実践成年後見32号，42号，47号に，市民後見人に関する特集が掲載されていますので参照してください。
16) 最高裁判所事務総局による司法統計年報（第2表）「家事事件・調停の事件別新受件数－全家庭裁判所」。
17) 家庭裁判所が事件数の増大に対して，合理的運営，事務の省略化をしていくことはやむを得ず，その努力に対して敬意を表したいと思っています。しかし，一方で省略化の問題点もあります。省略された事務手続の中で筆者が非常に問題だと考えますのは，鑑定手続及び被後見人との面談の省略です。ちなみに，平成25年には，鑑定の実施は全体の約11.6％となりました。そして，鑑

定を実施しない場合は，おおむね被後見人との面談も省略されています。成年後見制度は被後見人の権利を剥奪・制限することになりますので，やはり，慎重な手続が必要ではないでしょうか。そのためには，当然，裁判所の人員の増大が必要であることはもちろんのことです。

18) 前掲6) 小西・79頁。

19) 東京家庭裁判所本庁以外の最近の家庭裁判所本庁の後見監督の実情については，実践成年後見41号〜46号，48号に掲載されている，仙台・広島・名古屋・神戸・横浜・札幌・福島の各家庭裁判所の論説が参考になります。

20) 最近，親族後見人の横領事件で，担当家事審判官の後見監督に過失があったとして231万円の国家賠償責任を認めた判決が出ました（広島高判平24.2.20金商1392号49頁）。本判決について，現行の成年後見制度の限界を表現しているとの評釈があります（藤原正則「成年後見人に選任された知的障害者が成年後見人の財産を横領し，国家賠償が請求され，後見監督事件での家事審判官の後見監督に過失があったとされた事例」実践成年後見43号98頁以下）。

21) 東京家裁後見問題研究会編著「後見の実務」別冊判例タイムズ36号42頁。

22) 前掲21) 東京家裁後見問題研究会編著41頁以下。

23) 坂野征四郎「成年後見人等の選任・解任・後見監督の実務」野田愛子＝梶村太市総編集『新家族法実務大系』（新日本法規，2008年）2巻499頁，辻川圭乃「親族後見の意義と課題」実践成年後見30号26頁以下。

24) 最決平24.10.9刑集66.10.981（業務上横領被告事件）。

第1章

監督人の選任

第1章　監督人の選任

第1　法定後見監督人の選任

1　選任の契機・時期・申立て又は職権による選任・考慮事情，欠格事由

(1)　監督人の選任の契機

　家庭裁判所は，必要があると認めるときは，被後見人，その親族若しくは後見人の請求により又は職権で，監督人を選任することができます（民849条，876条の3第1項，876条の8第1項）。すなわち，監督人は，後見人の行う後見の事務を監督するために必要があると認められる場合に限って，家庭裁判所によって選任されます。

(2)　選任の時期

　監督人の選任は，選任の時期の観点から，次の4つの場合に分類することができます。

　ア　後見の開始又は後見人の選任と同時に選任される場合

　イ　監督人が欠けた場合の選任

　　監督人が選任された後に，当該監督人が，辞任，解任，欠格事由の発生又は死亡若しくは失踪宣告により欠けた場合において，家庭裁判所は，必要があると認めるときは，被後見人，その親族若しくは後見人の請求により又は職権で，監督人を選任します。

　ウ　監督人の追加的選任

　　監督人が選任されている場合においても，家庭裁判所は，必要があると認めるときは，被後見人，その親族若しくは後見人の請求により又は職権で，更に監督人を選任することができます。

　エ　後見開始後に監督人が選任される場合

　　家庭裁判所は，後見開始後に，後見人の行う後見の事務を監督するため必要があると認めるときは，監督人を選任します。

(3)　申立て又は家庭裁判所の職権による選任

　監督人は，被後見人，その親族若しくは後見人の請求により又は職権で，家庭裁判所が適任者を選任します（民849条，876条の3第1項，876条の8第1項）。家庭裁判所は，複数又は法人の監督人を選任することもできます（民852条，843条4項，859条の2，876条の3第2項，876条の8第2項）。なお，家庭裁判所に監督人の選任の申立てをすることができる，被後見人の「親族」とは，被

後見人のア．六親等内の血族（自然血族のほか，養子縁組によって法律上血縁者と同様に扱われる者である法定血族を含みます。），イ．配偶者，そして，ウ．三親等内の姻族（配偶者の血族又は血族の配偶者）を意味します（民725条）。

　実際には，被後見人，その親族又は後見人の請求によって家庭裁判所が監督人を選任することはまれで，ほとんどの監督人は，家庭裁判所の職権により選任されているものと思われます。

(4) 監督人の選任に際して家庭裁判所が考慮すべき事情

　後見人の選任の考慮事情に関する民法843条4項の規定は，監督人について準用されています（民852条，876条の3第2項，876条の8第2項）。したがって，家庭裁判所は，以下の事情を考慮して個々の事案ごとに監督人の候補者の適格性を審査した上で，適任者を監督人として選任します。

　ア　被後見人の心身の状態並びに生活及び財産の状況
　イ　監督人の候補者の職業及び経歴（候補者が法人であるときは，その事業の種類及び内容）
　ウ　監督人の候補者（候補者が法人であるときは，その法人及びその代表者）と被後見人との利害関係の有無
　エ　被後見人の意見
　オ　その他一切の事情

　アからエまでの考慮事情は，家庭裁判所がその裁量により考慮すべき諸般の事情の中で重要かつ典型的な事項を例示的に列挙したものであり，家庭裁判所は，個々の事案に応じて，「その他一切の事情」を考慮します。家庭裁判所がアからエまで以外の様々な事情を考慮して監督人を選任することができることを明らかにするために，オが規定されています。「その他一切の事情」の例としては，㈠監督人の候補者の心身の状態並びに生活及び財産の状況，㈡監督人の候補者と被後見人との親族関係の有無，㈢監督人の候補者の意見（家事法120条2項2号，130条2項2号，139条2項2号），㈣監督人の候補者と後見人との利害関係の有無等が考えられます（監督人の候補者と後見人との利害関係の有無は，例示として列挙されていませんが，オの「その他一切の事情」の中で考慮されます。）。

(5) 監督人の欠格事由

　次の者は，監督人となることができません。

ア　後見人の配偶者，直系血族及び兄弟姉妹（民850条，876条の3第2項，876条の8第2項）

　監督を受ける者の近親者（配偶者，直系血族及び兄弟姉妹）が監督人に就任しても，利害関係

や情誼のために，監督の実効性が上がらないおそれがあるからです。

なお，この監督人の欠格事由に関する規定に違反してされた監督人の選任は無効です。また，就職後の監督人について民法850条又はその準用規定に定められた欠格事由が発生したとき，例えば，監督人が後見人と婚姻又は縁組したときは，監督人は当然にその資格を失います。

イ　後見人の欠格事由に該当する者

後見人の欠格事由に関する民法847条の規定は，監督人について準用されていますので（民852条，876条の3第2項，876条の8第2項），次に掲げる者は，監督人となることができません。この規定に違反してされた監督人の選任は無効であり，就職後の監督人について以下の欠格事由が発生したときは，監督人は当然にその資格を失います。

(ｱ)　未成年者
(ｲ)　家庭裁判所で免ぜられた法定代理人，保佐人又は補助人
(ｳ)　破産者
(ｴ)　被後見人に対して訴訟をし，又はした者並びにその配偶者及び直系血族
(ｵ)　行方の知れない者

2　複数の監督人・法人の監督人

(1)　複数の監督人

家庭裁判所は，複数の監督人を選任することもできます。民法は，複数の成年後見人が選任された場合の権限関係に関する民法859条の2の規定を，監督人について準用することによって（民852条，876条の3第2項，876条の8第2項），このことを明確にしています。

例えば，事務遂行の場所や専門分野の異なる複数の後見人を各別に監督する必要がある場合には，複数の監督人を選任する「必要があると認めるとき」（民849条，876条の3第1項，876条の8第1項）に該当し得ると思われます。

家庭裁判所は，数人の監督人を同時に選任することができるほか，既に監督人が選任されている場合に，更に（追加的に）監督人を選任することができます。

(2)　法人の監督人

法人も，監督人となることができます。成年後見人となる者が法人である場合における成年後見人の選任の考慮事情に関する民法843条4項の規定が，監督人について準用されていること

が，その法文上の根拠です（民852条，876条の3第2項，876条の8第2項）。

　法人の監督人には，適切な監督人の候補者を見出すことが困難な場合の受け皿となり得ること，組織的な人的・物的体制を基礎として監督事務をより適切に処理することができること，自然人の場合と異なり継続性が保たれること等の長所があると考えられています。

　監督人に選任される法人の資格には，別段，制限が設けられていません。しかし，実務上，実際に監督人に選任されている法人は，現在のところ，司法書士法人・弁護士法人のほかは，社会福祉協議会等の社会福祉法人，福祉関係の公益法人等に限られているようです。

　家庭裁判所は，監督人として選任する法人の適格性について，ア．当該法人の事業の種類及び内容，イ．当該法人及びその代表者と被後見人との利害関係の有無等を審査した上で，個別具体的に判断します（民852条，843条4項，876条の3第2項，876条の8第2項）。

3　実務ではどのような者が監督人に選任されるか

　実務上，監督人には，親族以外の者が選任されることが多くなっています。第三者の監督人の担い手は，具体的には，司法書士，弁護士，社会福祉士，税理士等の専門職や，法律・福祉に関わる法人等です。特に，次のようなケースでは，第三者的な立場にある法律の専門家，具体的には司法書士又は弁護士が，監督人に選任されることが多いと思われます。第三者が監督人に選任される具体例としては，①親族間に被後見人の財産管理をめぐり紛争が生じている場合（この場合は，専門職後見人が選任されることも多い。），②財産問題で第三者と紛争が生じている（又は生ずる可能性が高い）場合，③財産管理が適切に行われなかった事例を集積した結果から，財産状況等として，ア．被後見人に賃料収入等の事業収入がある場合，イ．被後見人の財産（流動資産）が多い場合（後見の開始後に流動資産の増加が見込まれる場合も含む。）ウ．後見人候補者が被後見人の財産を運用することを考えている場合，エ．被後見人の財産状況が不明確である場合，オ．後見人候補者が自己若しくは自己の親族のために被後見人の財産を利用（担保提供等を含む。）し，又は利用する予定がある場合，カ．後見人候補者が適正な後見事務を行わないリスクがある場合などが挙げられます。

4　監督人の選任の審判の手続

(1)　**審判事項**（家事法別表第一の6の項，26の項，45の項）

　監督人の選任は，家庭裁判所の審判事項です。家庭裁判所は，後見の開始の審判をするときは，職権で，後見人を選任しますが（民843条1項，876条の2第1項，876条の7第1項），その際に，又は後日（後見の開始の審判が確定し，後見人が選任された後）に，個別具体的な事案に応じて監督人が必要であると判断したときは，被後見人，その親族若しくは後見人の申立てにより又は職権で，監督人を選任することができます（民849条，876条の3第1項，876条の8第1項）。

(2)　**監督人の選任の審判**

　例えば，成年後見監督人の選任の審判の主文は，「事件本人の成年後見監督人として，何県何市何町何番地（成年後見監督人の住所）甲野太郎（成年後見監督人の氏名）を選任する。」の振合で記載されます。

　監督人の選任の審判は，申立人（当事者）及び選任された監督人（審判を受ける者）に告知され，監督人の選任の申立てを却下する審判は，申立人に告知されます（家事法74条）。

　監督人の選任の審判又は監督人の選任の申立てを却下する審判に対しては，不服を申し立てることができません。即時抗告をすることができる旨の規定が存在しないからです（家事法123条，132条，141条参照）。

　監督人の選任の審判が効力を生じたとき（審判を受ける者すなわち選任された監督人に審判が告知され確定したとき）は，裁判所書記官は，遅滞なく，登記所（東京法務局民事行政部後見登録課）に対し，後見登記等に関する法律に定める登記を嘱託します（家事法116条1号）。登記事項（後見登記等ファイルに記録される事項）は，「成年後見監督人等（成年後見監督人，保佐監督人又は補助監督人）の氏名又は名称及び住所」です（後見登記4条1項4号，なお同項7号参照）。

第2 任意後見監督人の選任

1 選任の契機・要件・考慮事情，欠格事由

(1) 任意後見監督人の選任＝任意後見契約の効力発生（任意後見2条1号，4条1項）

　任意後見契約は，委任者（本人）が，受任者に対し，精神上の障害により事理を弁識する能力（判断能力）が不十分な状況における自己の生活，療養看護及び財産の管理に関する事務の全部又は一部を委託し，その委託に係る事務について代理権を付与する委任契約であって，任意後見法4条1項の規定により任意後見監督人が選任された時からその効力を生ずる旨の定めのあるものをいいます（任意後見2条1号・2号）。

　任意後見法4条1項の規定により任意後見契約の効力を発生させるための任意後見監督人の選任の審判がされたときは，任意後見監督人が選任された時（任意後見契約の効力を発生させるための任意後見監督人の選任の審判の「審判を受ける者」である「選任される任意後見監督人」が任意後見監督人の選任の審判の告知を受けた時）に，任意後見契約の効力が発生し（任意後見2条1号，家事法74条2項），任意後見人は，本人から委託された事務について代理権を行使することができるようになります。

　以上の説明から明らかなとおり，任意後見制度においては，任意後見監督人は必置の機関として位置付けられています。

(2) 任意後見契約の効力を発生させるための任意後見監督人の選任の要件

ア　任意後見契約が登記されていること

　任意後見契約は，公証人の関与により適法かつ有効な契約の締結を担保する等の観点から，公証人の作成する公正証書によってしなければならないとされており（任意後見3条），任意後見契約の公正証書が作成されると，公証人の嘱託により，任意後見契約の登記がされます（後見登記5条）。そのため，任意後見契約は，必ず公証人の作成する公正証書によって締結され，契約締結後は公証人の嘱託により全ての任意後見契約が登記される仕組みになっています。

イ　精神上の障害により本人の事理を弁識する能力（判断能力）が不十分な状況にあること

　「精神上の障害により本人の事理を弁識する能力が不十分な状況にあるとき」とは，法定後

見の制度でいえば，少なくとも補助の要件に該当する程度以上に判断能力が不十分な状況にあるときであるとされています。

ウ 本人，配偶者，四親等内の親族又は任意後見受任者の請求（任意後見4条1項）

エ 本人の同意（任意後見4条1項・3項）

任意後見法4条1項の規定に基づき本人以外の者の請求により任意後見監督人を選任するには，あらかじめ本人の同意がなければならないとされています（任意後見4条3項）。すなわち，自己決定の尊重の観点から，任意後見契約の効力を発生させるための任意後見監督人の選任は，本人の申立て又は本人の同意が要件とされているため，本人の意思に反して任意後見契約が効力を生ずることはありません。ただし，本人がその意思を表示することができないときは，本人の同意は不要とされています。

オ 任意後見法4条1項1号から3号までに該当しないこと（任意後見4条1項ただし書）

任意後見法4条1項ただし書は，任意後見法4条1項1号から3号までのいずれかに該当する場合には，家庭裁判所は，任意後見契約の効力を発生させるための任意後見監督人の選任をすることができないと定めています。したがって，以下の場合には，任意後見契約の効力を発生させるための任意後見監督人の選任の審判がされません。

【任意後見契約の効力を発生させるための任意後見監督人の選任の審判がされない場合】

(ア) 本人が未成年者であるとき（任意後見4条1項1号）

本人が未成年の間は，親権者又は未成年後見人との権限の抵触を防止する観点から，任意後見監督人の選任は認められません。

(イ) 本人が成年被後見人，被保佐人又は被補助人である場合において，当該本人に係る後見，保佐又は補助を継続することが本人の利益のため特に必要であると認められるとき（任意後見4条1項2号）。

法定後見が先行する場合でも，本人が任意後見契約を締結している以上，任意後見による保護を選択した本人の意思を尊重して，原則として，任意後見を優先させるべきであると考えられます（任意後見10条1項参照）。そのため，任意後見契約の効力を発生させるための任意後見監督人の選任の申立てがあった場合において，本人が成年被後見人，被保佐人又は被補助人であるときは，原則として，家庭裁判所は，任意後見監督人を選任して（任意後見契約の効力を発生させるための任意後見監督人の選任の審判をして），当該本人に係る法定後見の

開始の審判を取り消します（任意後見4条2項）。しかし，本人が法定後見の開始の審判を受けているときであっても，法定後見による保護を継続することが本人の利益のため特に必要であると認められるときは，例外的に，家庭裁判所は，任意後見契約の効力を発生させるための任意後見監督人の選任の審判をしません（任意後見4条1項2号）。

(ウ) 任意後見受任者に不適任な事由があるとき（任意後見4条1項3号）

任意後見受任者が次に掲げる者であるときは，任意後見契約の効力を発生させるための任意後見監督人の選任の審判がされません。

　a　民法847条各号（4号を除く。）に掲げる者（任意後見4条1項3号イ）
　　(a)　未成年者（民847条1号）
　　(b)　家庭裁判所で免ぜられた法定代理人，保佐人若しくは補助人（民847条2号）
　　(c)　破産者（民847条3号）
　　(d)　行方の知れない者（民847条5号）
　b　本人に対して訴訟をし，又はした者及びその配偶者並びに直系血族（任意後見4条1項3号ロ）
　c　不正な行為，著しい不行跡その他任意後見人の任務に適しない事由がある者（任意後見4条1項3号ハ）

カ　任意後見契約の効力を発生させるための任意後見監督人の選任の審判がされること

任意後見契約の効力を発生させるための任意後見監督人の選任の審判は，申立人（当事者）及び選任された任意後見監督人（審判を受ける者）のほか，本人及び任意後見受任者（任意後見契約の当事者）に告知されます（家事法74条1項，222条1号）。

任意後見契約の効力を発生させるための任意後見監督人の選任の審判に対しては，即時抗告をすることができる旨の規定がありません（家事法223条参照）。

したがって，任意後見契約の効力を発生させるための任意後見監督人の選任の審判は，選任された任意後見監督人（審判を受ける者）に告知された時に確定し，その効力を生じます（家事法74条2項）。この場合には，裁判所書記官は，遅滞なく，登記所（東京法務局民事行政部後見登録課）に対し，後見登記等に関する法律に定める登記を嘱託します（家事法116条1号）。

なお，任意後見契約の効力を発生させるための任意後見監督人の選任の申立てを却下する審判は，申立人に告知され（家事法74条3項），その審判に対しては，申立人が即時抗告をすることができます（家事法223条1号）。

(3) 任意後見監督人の選任に際して家庭裁判所が考慮すべき事情

　任意後見法7条4項は，成年後見人の選任の考慮事情（成年後見人候補者が法人である場合の考慮事情を含みます。）に関する民法843条4項の規定を，任意後見監督人について準用しています。そのため，家庭裁判所は，以下の事情を考慮して個々の事案ごとに任意後見監督人の候補者の適格性を審査した上で，適任者を任意後見監督人として選任します。

　　ア　本人の心身の状態並びに生活及び財産の状況
　　イ　任意後見監督人の候補者の職業及び経歴（候補者が法人であるときは，その事業の種類及び内容）
　　ウ　任意後見監督人の候補者（候補者が法人であるときは，その法人及びその代表者）と本人との利害関係の有無
　　エ　本人の意見
　　オ　その他一切の事情

　上記アからエまでの考慮事情は，家庭裁判所がその裁量により考慮すべき諸般の事情の中で重要かつ典型的な事項を例示的に列挙したものであり，家庭裁判所は，個々の事案に応じて，「その他一切の事情」を考慮します（家庭裁判所がアからエまで以外の様々な事情を考慮して任意後見監督人を選任することができることを明らかにするために，オが規定されています。）。「その他一切の事情」の例としては，㋐任意後見監督人の候補者の心身の状態並びに生活及び財産の状況，㋑任意後見監督人の候補者と本人との親族関係の有無，㋒任意後見監督人の候補者の意見（家事法220条2項），㋓任意後見監督人の候補者と任意後見受任者との利害関係の有無等が考えられます（任意後見監督人の候補者と任意後見受任者との利害関係の有無は，例示として列挙されていませんが，オの「その他一切の事情」の中で考慮されます。）。

(4) 任意後見監督人の欠格事由

　次のアに掲げる者は，適正かつ実効的な監督をすることができないおそれがあるため，任意後見監督人となることができません（任意後見5条）。また，後見人の欠格事由に関する民法847条の規定が任意後見監督人について準用されているため（任意後見7条4項），次のイからカまでに掲げる者は，任意後見監督人となることができません。

　　ア　任意後見受任者（任意後見人）の配偶者・直系血族・兄弟姉妹
　　イ　未成年者
　　ウ　家庭裁判所で免ぜられた法定代理人，保佐人又は補助人
　　エ　破産者

オ　本人に対して訴訟をし，又はした者並びにその配偶者及び直系血族
カ　行方の知れない者

2　複数の任意後見監督人・法人の任意後見監督人

(1)　任意後見監督人の資格

　任意後見監督人の資格には，法律上，特に制限はありません。したがって，家庭裁判所は，自然人（個人）を任意後見監督人に選任することができるほか，法人を任意後見監督人に選任することもできます（任意後見7条4項で準用する民843条4項参照）。

(2)　複数の任意後見監督人

　任意後見法7条4項が複数の成年後見人が選任された場合の権限関係に関する民法859条の2の規定を任意後見監督人について準用していることから，家庭裁判所は，複数の任意後見監督人を選任することもできます。また，家庭裁判所は，任意後見監督人が選任されている場合においても，必要があると認めるときは，本人，その親族若しくは任意後見人の請求により，又は職権で，更に任意後見監督人を選任することができます（任意後見4条5項）。したがって，家庭裁判所は，数人の任意後見監督人を同時に選任することができるほか，既に任意後見監督人が選任されている場合に，追加的に任意後見監督人を選任することができます。

(3)　法人の任意後見監督人

　法人も，任意後見監督人となることができます。成年後見人となる者が法人である場合における成年後見人の選任の考慮事情に関する民法843条4項の規定が，任意後見監督人について準用されていることが，その法文上の根拠です（任意後見7条4項）。

　任意後見監督人に選任される法人の資格について，特に制限はありません。しかし，実務上，任意後見監督人に選任されている法人は，現在のところ，司法書士法人・弁護士法人のほかは，社会福祉協議会等の社会福祉法人，福祉関係の公益法人等に限られているようです。

　家庭裁判所は，法人の任意後見監督人を選任する場合には，ア．当該法人の事業の種類及び内容，イ．当該法人及びその代表者と本人との利害関係の有無等を考慮し（任意後見7条4項，民843条4項），任意後見監督人候補者とされている法人が任意後見人を監督するのにふさわしいかどうか（任意後見監督人として選任する法人の適格性）を各事案ごとに個別具体的に審査します。

3　実務ではどのような者が任意後見監督人に選任されるか

　上記のとおり，任意後見監督人の資格には，法律上，特に制限はありませんので，欠格事由に該当しない限り，本人の親族や知人が任意後見監督人として選任される余地もあります。しかし，任意後見監督人に選任されるのは，多くの場合，司法書士（司法書士法人を含みます。），弁護士（弁護士法人を含みます。）等の法律実務家や社会福祉士等の福祉の専門家等であると思われます。

(1)　任意後見契約条項に記載されている任意後見監督人候補者
　任意後見監督人の候補者を定めることは，任意後見契約の要素ではありません。したがって，任意後見契約の中で任意後見監督人の候補者が定められている場合であっても，その定めには拘束力がありません。そもそも，任意後見監督人の選任は，家庭裁判所の合理的な裁量に委ねられており，家庭裁判所は，常に本人の意見に拘束されるものではなく，諸般の事情を総合的に考慮して適任者を選任しますから，本人が希望する任意後見監督人候補者が，審査の結果，客観的には不適任と認められる場合，例えば，横領，背任等の不正な行為の事実が判明した場合には，別の者が任意後見監督人に選任されます。

(2)　任意後見監督人の第三者性
　任意後見監督人選任申立書の定型の用紙には，任意後見監督人の候補者を記載する欄がありません。これは，家庭裁判所が，任意後見監督人の第三者性を重視しているからです。例えば，任意後見契約の効力を発生させるための任意後見監督人の選任の申立人である任意後見受任者が，任意後見監督人の候補者を推薦している場合や，その申立人代理人が任意後見監督人の候補者である場合には，その候補者を任意後見監督人として選任することは避けるべきであるとされています。
　家庭裁判所が，任意後見監督人の選任に当たってその第三者性を重視して厳しい運用をしている背景には，次のような事情があると考えられます。
　　ア　そもそも，任意後見において家庭裁判所が関与することができるのは，任意後見監督人の選任と任意後見人に対する間接的な監督だけであり，家庭裁判所は，適任の受任者（任意後見人）を選ぶことができません。そのため，家庭裁判所は，任意後見監督人の選任の場面では，任意後見監督人の第三者性等について厳しい運用をする必要があると考えられます。

イ　具体的には，任意後見監督人の選任の申立ては，任意後見受任者が申立人となってすることが多いところ，任意後見監督人には，任意後見人をサポートするという役割も期待されていますが，飽くまで，その基本的な職務は，任意後見人の事務の監督です。したがって本来，任意後見監督人は，任意後見人と利害を共通にしない第三者であることが強く要請されるはずです。たとえ，監督をされる立場に立つ者が監督をする立場に立つ者を推薦している場合でも，裁判所がこれを尊重する必要はないと考えられます。

ウ　現実的にも，任意後見制度の利用の実情として，判断能力の低下した本人について，任意後見人（任意後見受任者）及び任意後見監督人の各候補者が共同して主導的に任意後見契約を締結する例が散見されることから，本人の利益を守るため，第三者性の強い任意後見監督人を選任する必要が生じています。

4　任意後見監督人の選任の手続

(1)　任意後見監督人が選任される場合

任意後見監督人の選任は，次の3つの場合に分けて考えることができます。いずれの場合も，任意後見監督人は，家庭裁判所の審判によって選任されます。

ア　任意後見契約の効力を発生させるための任意後見監督人の選任（任意後見4条1項，家事法別表第一の111の項）

イ　任意後見監督人が欠けた場合における任意後見監督人の選任（任意後見4条4項，家事法別表第一の112の項）

ウ　任意後見監督人を更に選任する場合における任意後見監督人の選任（任意後見4条5項，家事法別表第一の113の項）

(2)　管轄裁判所

任意後見契約の効力を発生させるための任意後見監督人の選任（上記(1)ア）の審判事件は，本人の住所地を管轄する家庭裁判所の管轄に属します（家事法217条1項）。また，任意後見監督人が欠けた場合における任意後見監督人の選任（上記(1)イ）及び任意後見監督人を更に選任する場合における任意後見監督人の選任（上記(1)ウ）の審判事件は，任意後見契約の効力を発生させるための任意後見監督人の選任（上記(1)ア）の審判をした家庭裁判所（抗告裁判所が当該任意後見監督人を選任した場合にあっては，その第一審裁判所である家庭裁判所）の管轄に属します（家事法217条2項）。

第1章　監督人の選任

(3)　申立人

　上記(1)アの任意後見監督人の選任の申立ては，本人，配偶者，四親等内の親族又は任意後見受任者がすることができます（任意後見4条1項）。これに対して，上記(1)イ及びウの任意後見監督人の選任の申立ては，本人，その親族又は任意後見人がすることができます（任意後見4条4項・5項）。なお，上記(1)イ及びウの任意後見監督人の選任は，家庭裁判所が職権ですることができますが，上記(1)アの任意後見監督人の選任は，家庭裁判所が職権ですることができません。

(4)　家庭裁判所における任意後見監督人選任の審判の審理

ア　本人の精神の状況に関する意見（診断の結果等）の聴取

　家庭裁判所は，任意後見契約の効力を発生させるための任意後見監督人の選任の審判をする場合には，補助開始の審判をする場合と同様に，本人の精神の状況につき医師の診断の結果その他適当な者の意見を聴かなければならないとされています（家事法219条，138条）。任意後見契約の効力発生（のための任意後見監督人の選任）は，任意後見人に任意後見契約で定めた代理権を付与するにとどまるものであって，本人の行為能力を制限するものではなく，また，本人の申立て又は本人の同意を要件としていることから，利用者の利便性を考慮した手続にすることが望ましいと考えられるので，原則として，本人の精神の状況につき鑑定をする必要はないとする一方で（家事法119条，133条参照），任意後見の場合にも，判断能力が不十分か否かの判断は，通常医学的な判断を基礎に行う必要があり，任意後見契約の効力を発生させるための任意後見監督人の選任の審判が確定して効力を生ずると，任意後見人による代理権の行使が可能とされることから，少なくとも鑑定に代わる専門家の意見を反映させることが相当と考えられるため，このような規定が置かれています。

　そのため，補助開始の審判の場合と同様に，任意後見契約の効力を発生させるための任意後見監督人の選任の申立てをする場合にも，本人の判断能力に関する審理が迅速かつ的確に行われるようにするために，申立書に本人についての成年後見用診断書を添付します。

　これに対して，任意後見監督人が欠けた場合における任意後見監督人の選任（上記(1)イ）及び任意後見監督人を更に選任する場合における任意後見監督人の選任（上記(1)ウ）の申立時には，本人についての成年後見用診断書を添付する必要はありません。

イ　本人の陳述並びに任意後見監督人となるべき者及び任意後見受任者の意見の聴取

(ア)　本人の陳述の聴取

　家庭裁判所は，任意後見監督人を選任する各種（上記(1)ア～ウ）の審判をするには，本人の陳述を聴かなければならないとされています。ただし，本人の心身の障害により本人の陳述を聴くことができないときは，本人の陳述を聴く必要はありません（家事法220条1項1号）。本人の自己決定の尊重の理念を手続的に担保するとともに，任意後見監督人を選任する際の考慮事情の1つとして本人の意見が挙げられている趣旨（任意後見7条4項，民843条4項）を徹底するために，このような規定を置いて，任意後見契約の効力を生じさせること及び任意後見監督人に選任される者についての意向を，直接本人から聴取することにしているのです。もっとも，本人が任意後見監督人の選任の申立人となっているときは，申立書の提出等により自らの認識や意向を述べる機会が与えられているため，それに加えて必ず陳述の聴取の機会を確保しなければならないとする必要はないので，必要的陳述聴取の対象からは除外されています（家事法220条1項柱書中の括弧書）。

(イ)　任意後見監督人となるべき者及び任意後見受任者の意見の聴取

　家庭裁判所は，任意後見監督人を選任する各種（上記(1)ア～ウ）の審判をする場合には，任意後見監督人となるべき者の意見を聴かなければならないとされています（家事法220条2項）。任意後見監督人は，任意後見人の事務を監督し，家庭裁判所に定期的に報告する等の職責を担い（任意後見7条），また，一旦選任された後は正当な事由が認められなければ辞任することができないため（任意後見7条4項，民844条），その選任に先立って，当該任意後見監督人となるべき者の意向等を参考にした上で選任するのが相当であるからです。

　さらに，家庭裁判所は，任意後見契約の効力を発生させるための任意後見監督人の選任の審判をする場合には，任意後見契約の効力が生ずることについて，任意後見受任者の意見を聴く必要があります（家事法220条3項）。任意後見受任者は，任意後見契約の当事者であり，本人の状況を把握しているのが通常である上，任意後見契約が効力を生ずると代理権を行使することが可能となることから（任意後見2条1号），家庭裁判所が任意後見監督人を選任して任意後見契約の効力を生じさせる際には，その判断の参考に供するため，任意後見受任者に意見を求めるのが相当であるからです。

第1章　監督人の選任

ウ　本人の同意，任意後見受任者に欠格事由・不適格事由がないこと，任意後見監督人候補者に欠格事由がないこと，任意後見契約の締結に必要な意思能力等の実体的要件の具備

㋐　本人の同意（任意後見4条3項）

　本人以外の者の申立てにより任意後見契約の効力を発生させるために任意後見監督人を選任するには，家庭裁判所は，本人の陳述（任意後見契約の効力を生じさせること及び任意後見監督人に選任される者についての意向）の聴取（家事法220条1項1号）を行うだけでは足りず，本人がその意思を表示することができないときを除き，あらかじめ任意後見監督人を選任して任意後見契約の効力を生じさせることについて本人の同意を得る必要があります（上記1(2)エ（24頁）参照）。

㋑　任意後見受任者に欠格事由・不適格事由がないこと（任意後見4条1項3号）

　上記1(2)オ（24頁）を参照してください。

㋒　任意後見監督人候補者に欠格事由がないこと（任意後見5条）

　上記1(4)（26頁）を参照してください。

㋓　任意後見契約の締結に必要な意思能力

　明文の規定はありませんが，有効な任意後見契約が存在することは，論理的に任意後見監督人選任の要件となっていると解されます。

エ　本人の親族に対する意向照会

　家庭裁判所は，任意後見監督人を選任する各種の審判をする場合には，原則として，本人の親族に対する意向照会（調査）を行っていないようです。しかし，場合によっては，本人の親族に対して，申立ての概要及び任意後見監督人候補者を伝えて，これらに関する親族の意向を確認することもあると思われます。

オ　任意後見契約の内容の適否は審判の対象外

　家庭裁判所は，任意後見契約の効力を発生させるための任意後見監督人の選任の審判をする場合には，本人の判断能力，任意後見受任者に不適任な事由があるか否か，任意後見監督人が適任者であるか否か等について審理をします。しかし，任意後見契約の内容の適否は，任意後見契約の効力を発生させるための任意後見監督人の選任の審判における審理の対象ではありません。

カ 申立ての取下げの制限

(ア) 申立ての取下げが制限される場合及びその趣旨

　任意後見契約の効力を発生させるための任意後見監督人の選任及び任意後見監督人が欠けた場合における任意後見監督人の選任の申立ては，審判がされる前であっても，家庭裁判所の許可を得なければ，取り下げることができません（家事法221条。家事法82条1項は，家事審判の申立ては，特別の定めがある場合を除き，審判があるまで，その全部又は一部を取り下げることができると規定していますが，家事法221条は，家事法82条1項の「特別の定め」に当たります。）。後見開始の審判事件と同様に，任意後見契約の効力を発生させるための任意後見監督人の選任及び任意後見監督人が欠けた場合における任意後見監督人の選任の審判事件においては，申立人が自ら希望する者が任意後見監督人に選任されないことを知ると，任意後見契約の効力を生じさせる必要があり，又は任意後見監督人の選任が必要な状況であるにもかかわらず，申立てを取り下げてしまう事態が生ずることが想定されるため，本人保護の見地から，これらの審判事件においては，申立ての取下げについて，家庭裁判所の許可を要することとしたものです。

　これに対して，任意後見監督人を更に選任する場合における任意後見監督人の選任の審判事件については，既に任意後見監督人が選任されていることから，申立ての取下げは制限されていません（したがって，原則どおり審判があるまで取り下げることができます。家事法82条1項）。

(イ) 申立ての取下げが許可される場合

　任意後見契約の効力を発生させるための任意後見監督人の選任及び任意後見監督人が欠けた場合における任意後見監督人の選任の申立ての取下げの許否については，何らの事由も定められておらず，その判断は，家庭裁判所の広範な裁量に委ねられています。申立ての取下げは，理由を明らかにして行われますから（家事規則118条，78条1項），家庭裁判所は，その理由を斟酌して取下げの許否を判断することになると思われます。

　本人の判断能力が不十分な状況にあるとはいえない（低下していない）場合には，取下げは許可されると解されます。また，判断能力の低下が補助又は保佐相当のレベルである本人が取下げを希望しており，その意思が明確である場合にも，取下げが許可される余地はあると思われます。これに対して，申立人が希望する候補者が任意後見監督人に選任されそうにないという理由では，取下げは許可されません。

　なお，取下げの許否に関する家庭裁判所の判断に対して不服を申し立てることはできません（家事事件手続法には，取下げの許否に関する家庭裁判所の判断に対する不服申立てに関する規

第1章　監督人の選任

定がありません。)。

(5) 審　判

ア　任意後見契約の効力を発生させるための任意後見監督人の選任の審判

　上記1(2)カ (25頁) を参照してください。

イ　任意後見監督人が欠けた場合及び任意後見監督人を更に選任する場合における任意後見監督人の選任の審判

　申立人 (当事者) 及び選任された任意後見監督人 (審判を受ける者) に告知されます (家事法74条1項)。

　選任の審判に対して不服を申し立てることができないこと, 選任の審判は, 選任された任意後見監督人 (審判を受ける者) に告知された時に確定し, その効力を生じること, その場合に裁判所書記官によって登記が嘱託されること, その場合の登記事項については, 任意後見契約の効力を発生させるための任意後見監督人の選任の審判と同様です (上記1(2)カ (25頁) 参照)。

　なお, 選任の申立てを却下する審判は, 申立人に告知され (家事法74条3項), その審判に対して即時抗告をすることはできません (家事法223条参照)。

(6) 後見開始の審判等の取消し

　任意後見法4条1項の規定により任意後見契約の効力を発生させるために任意後見監督人を選任する場合において, 本人が成年被後見人, 被保佐人又は被補助人であるときは, 法定後見と任意後見の調整の観点から, 家庭裁判所は, 当該本人に係る後見開始, 保佐開始又は補助開始の審判を取り消します (任意後見4条2項, 家事法別表第一の114の項)。この取消しの審判は,「審判を受ける者」である本人 (成年被後見人, 被保佐人又は被補助人) に告知されるほか (家事法74条1項), この取消しの審判により地位を失うことになる成年後見人及び成年後見監督人, 保佐人及び保佐監督人又は補助人及び補助監督人に告知されます (家事法222条2号)。

5　任意後見監督人の辞任・死亡

　任意後見監督人が辞任，死亡等によって欠けた場合でも，任意後見人の権限に影響はありません。任意後見監督人が欠けた場合には，家庭裁判所は，本人，その親族若しくは任意後見人の請求により，又は職権で，新たな任意後見監督人を選任します（任意後見4条4項）。なお，家庭裁判所は，任意後見監督人が選任されている場合においても，必要があると認めるときは，本人，その親族若しくは任意後見人の請求により，又は職権で，更に任意後見監督人を選任することができます（任意後見4条5項）。

第2章

監督人の義務と権限

第2章　監督人の義務と権限

第1　法定後見監督

　以下の成年後見監督人の義務と権限についての記述は，特に断り書きのない限り，保佐監督人・補助監督人にもそのまま当てはまります（民876条の2第3項，876条の3，876条の7第3項，876条の8，家事法128条～144条）。ただし，保佐監督人・補助監督人の義務と権限は，原則として保佐人・補助人の代理権の範囲内の事項に限って認められることになります。

1　監督人の義務

(1)　善管注意義務（民852条，644条）

　監督人と被後見人との法律関係は，家庭裁判所による監督人の選任の審判によって発生し，その内容も法定されていますが，他人のために一定の事務を行うことを責務とする点において，民法上の委任の関係に準ずるもの（一種の法定委任関係）であるといえます。そのため，監督人は，その監督の事務を行うに当たって，善良な管理者の注意をもって事務処理を行う義務（善管注意義務）を負うものとされています（民852条，644条）。監督人が，その職務を遂行するに当たって善管注意義務を履行せず，被後見人又は第三者に損害を与えたときは，監督人は，その損害を賠償する責任を負います（場合によっては，解任の事由（民852条，846条）となります。）。

　また，監督人が義務を怠ったために，後見人が不当な行為をし，その結果，被後見人が損害を被ったときは，監督人は，後見人とともに，その損害を賠償する責任を負うものと解されます。

(2)　本人の意思の尊重及び身上配慮義務

　後見人の本人意思尊重・身上配慮義務を定めた民法858条の規定は，監督人には準用されていません。しかし，後見人が後見の事務を行う場合における指針となる民法858条は，後見監督の事務においても重要な指針となるものであり，監督人が，急迫の事情がある場合に必要な処分をするときや，後見人又はその代表する者と被後見人との利益が相反する行為について被後見人を代表するとき（民851条3号・4号）には，監督人は，民法858条と同様の本人意思尊重・身上配慮義務を負うと考えられます。

2 監督人の権限

(1) 後見人の事務の監督（民851条1号）

監督人の職務（権限）の第1は，後見人の事務を監督することです。「事務を監督する」とは，後見人が不正な行為や権限の濫用等をしないよう監督すること，すなわち後見人が適正に事務を行っているかどうかを監督することを意味します。

ア 財産目録の作成への立会い（民853条2項）

後見人は，その就職後，まず最初に，被後見人の財産の総額及び被後見人の財産の状態を明確にしておくため，被後見人の財産の調査をし，財産目録を作成しますが，この財産の調査及び財産目録の作成は，監督人があるときは，その立会いをもってしなければ，その効力を生じないとされています（民853条2項）。ここにいう「立会い」とは，財産の調査及び財産目録の作成に臨んで，これを監督することであるとされています。実務上は，後見人が監督人の指導の下，被後見人の財産関係資料の収集等の方法により財産の調査をし，その資料に基づき財産目録案を作成した上で，これを監督人に提出し，監督人がこれを点検して，最終的に財産の調査及び財産目録の作成を完成させていることが多いようです。

監督人が選任されている場合における監督人の立会いを欠く財産の調査又は財産目録の作成は，無効です。

なお，保佐人又は補助人は，代理権が付与されている場合であっても，当然には被保佐人又は被補助人の財産を調査し財産目録を作成する義務を負いませんから（民876条の5・876条の10は，853条を準用していません。），保佐監督人又は補助監督人は，保佐人又は補助人の財産の調査及び財産目録の作成に立ち会うことを法律上義務付けられていません。しかし，保佐人又は補助人が適正に権限を行使しているかを監督し，また，急迫な事情がある場合に必要な処分を行うためには，保佐監督人又は補助監督人も，被保佐人又は被補助人の財産の状況を把握しておく必要があります。そのため，保佐監督人又は補助監督人は，通常は，保佐人又は補助人に対し，その付与された代理権の範囲内で被保佐人又は被補助人の財産目録の作成及び提出を指示します。

イ 監督人から後見人への報告請求（民863条1項）

監督人は，その監督権限を実効性のあるものとするため，いつでも，後見人に対し，後見の事務の報告若しくは財産の目録の提出を求め，又は後見の事務若しくは被後見人の財産の状況

を調査することができます（民863条1項）。すなわち，民法863条1項は，監督人による後見の事務の監督に関する一般的な規定として，監督人に，次のような広汎な一般的監督権限を認めています。

(ア)　後見人に対する後見の事務の報告の請求

　「後見の事務」とは，「成年被後見人の生活，療養看護及び財産の管理に関する事務」のことであり（民858条参照），被後見人の財産管理に関する事務及び身上監護に関する事務の全てを含みます。したがって，監督人は，被後見人の財産管理に関する事務及び身上監護に関する事務の全てについて，いつでも必要に応じて後見人に対し報告を求めることができます。報告は，後見の事務一般について求めることもできますし，特定の後見の事務についてのみ求めることもできます。

(イ)　後見人に対する財産の目録の提出の請求

　監督人は，いつでも，後見人に対し財産の目録の提出を求めることができます。

(ウ)　後見の事務又は被後見人の財産の状況の調査

　監督人は，いつでも，被後見人の財産管理に関する事務及び身上監護に関する事務のいずれについても調査をすることができるほか，必要に応じて，自ら（後見人による被後見人の財産の調査とは別に），被後見人の財産の状況（財産の増減，管理の状態等）を調査することができます。

ウ　家庭裁判所への本人財産の後見の事務についての必要な処分の請求（民863条2項）

　監督人は，家庭裁判所に対し，被後見人の財産の管理その他後見の事務について必要な処分を命ずることを請求することができます。「後見の事務について必要な処分」とは，被後見人の生活，療養看護及び財産の管理に関する事務（後見の事務全般）に関して監督上必要な一切の措置を意味します。具体的には，後見人の職務執行の停止及び職務代行者の選任のほか，被後見人の財産の改修・改築等の事実行為又は売却・賃貸等の処分行為若しくは処分の禁止行為についての助言，指導又は指示（青森家八戸支審昭43.12.28家月21.6.64，大分家審昭50.4.22家月28.3.47），療養看護の方法等についての助言，指導又は指示等が考えられます。

　なお，民法863条2項の規定により監督人が家庭裁判所に対して被後見人の財産の管理その他後見の事務について必要な処分を命ずることの請求をすることができる時期は，後見人の在職中に限られませんので，例えば，辞任，解任等の原因により後見人がその地位を喪失した後においても，監督人は，家庭裁判所に対して，被後見人の財産の管理その他後見の事務について必要な処分を命ずることの請求をすることができます（後見人が辞任した場合につき東京家審昭

38.10.19家月16.3.115，未成年被後見人が成年に達した場合につき東京家審昭37.5.28家月16.1.127)。

エ　後見人の解任請求（民846条）

　民法846条は，後見人に不正な行為，著しい不行跡その他後見の任務に適しない事由があるときは，家庭裁判所は，監督人，被後見人若しくはその親族若しくは検察官の請求により又は職権で，これを解任することができると規定しています。したがって，監督人は，後見監督の過程において後見人に不正な行為，著しい不行跡その他後見の任務に適しない事由があることを知ったときは，後見人の解任を家庭裁判所に請求すべきです。

(ア)　解任の事由

　後見人の解任の事由は，「後見人に後見の任務に適しない事由があること」です。民法846条は，後見人の解任の事由として，「後見人に『不正な行為』，『著しい不行跡』『その他後見の任務に適しない事由』があるとき」と規定していますが，『不正な行為』と『著しい不行跡』は『後見の任務に適しない事由』の例示であって，要するに，後見人の行為が後見の任務に適しない程度のものである場合には，後見人を解任することができるものと解されます。

(イ)　解任の裁判例（未成年後見の事例を含む。）

　未成年後見人を含む後見人の解任に関するほとんどの裁判例は，解任事由（「不正な行為」「著しい不行跡」「その他後見の任務に適しない事由」）を明確に区別しておらず，総合的に後見の任務に適しないかどうかを判断しています。つまり，後見人の解任に当たって，解任事由を厳密に区別する必要はなく，後見人と被後見人との関係，後見人の職業その他の事情を総合的にみて後見人の行為が後見の任務に適しないと判断されれば，後見人の解任が認められるものと考えられます。なお，「著しい不行跡」のみを問題にした事例は見当たらないようです。

- 後見人が，就職後に財産目録を作成せず，又は財産状況の報告を行わない場合には，特別の事情のない限り，「後見の任務に適しない事由があるとき」に該当する（大判大13.10.10新聞2329.13)。
- 後見人が，自己の利益を図るため，他人の債務の担保として，被後見人の重要な不動産につき根抵当権を設定した場合（大阪高決昭32.7.1家月9.7.29)。
- 後見人が，被後見人の定期預金債権を自己の債務の担保に供し，これに対する裁判所の後見監督処分命令にも従わず，また，被後見人の財産に使途不明金があり，さらに，被後見人の生活維持，身上監護も放棄して意思の疎通を欠くに至っている場合（京都家審昭50.12.1家月28.11.79)。

第2章　監督人の義務と権限

- 一連の善管注意義務違反があり，また，家庭裁判所の命令を無視する態度に出た（家庭裁判所の後見監督指示に従わない）場合（大阪高決昭34.9.8家月11.11.111）。
- 未成年者の公的扶助料の一部を自己の債務の支払，自己の生活費等に消費し，未成年者の財産の収支を混同した（未成年者所有の水田からの収益を自己の収益と混同しているなどの実情が認められる）場合（佐賀家審昭38.3.30家月15.6.80，宇都宮家審昭47.12.15家月25.7.51）。
- 後見人が被後見人のために受領した金銭の一部が使途不明であり，横領の疑いがある場合（福島家審昭46.7.22家月24.6.49）。
- 後見人である実母が，未成年者に支払われる生命保険金を着服横領する危険があった場合（旭川家審昭45.8.6家月23.2.101）。
- 親族の忠告にもかかわらず不倫な関係を続け，被後見人の身上の世話や財産管理を怠り，被後見人とも感情阻隔した場合（大阪高決昭30.4.25家月7.5.47）。
- 後見人に，選任当時判明しなかった前科があるほか，現に傷害罪で起訴され公判継続中であり，さらに家庭裁判所の命令にも従わない（家庭裁判所への財産状況の報告を怠っていて，裁判所の命令や取調べにも応じない）場合（神戸家審昭39.3.16家月16.9.175，福岡家審昭42.5.26家月19.12.65，なお，前科があることだけでは，「後見の任務に適しない事由があるとき」とはいえないと解されます。）。
- 後見人が，被後見人の見舞いにもあまり行かず，入院費の支払も怠りがちで，被後見人の世話があまりできない事情にある（後見人が被後見人の療養看護を怠っている）場合（大阪高決昭33.7.1家月10.9.68）。

(ウ)　後見人の解任の審判の手続

　a　管轄裁判所

　後見人の解任は，家事審判事項であり（家事法別表第一の5の項），後見開始の審判をした家庭裁判所（抗告裁判所が後見開始の審判をした場合にあっては，その第一審裁判所である家庭裁判所）の管轄に属します（家事法117条2項）。

　b　申立時期

　後見人の解任の申立ては，後見人の就職後，その在職中であれば，いつでもすることができます。したがって，後見人から辞任の許可の申立てがあった後であっても，後見人の解任の申立てをすることは可能です。これに対して，後見開始の審判が取り消されたとき又は後見人に欠格事由が生じたときは，後見人は当然にその職を失うので，その後に後見人を解任の申立てをすることはできません。

　c　審判前の保全処分の申立て

家事事件手続法127条1項は，家庭裁判所（本案である後見人の解任の審判事件が高等裁判所に係属している場合にあっては，高等裁判所）は，後見人の解任の審判事件が係属している場合において，被後見人の利益のため必要があるときは，後見人の解任の申立てをした者の申立てにより又は職権で，後見人の解任についての審判が効力を生ずるまでの間，後見人の職務の執行を停止し，又はその職務代行者を選任することができると規定しています。したがって，後見人の解任の申立てをする（した）監督人は，被後見人の利益のため必要があると考えるときは，あわせて，後見人の職務の執行を停止し，又はその職務代行者を選任する旨の審判前の保全処分の申立ての検討をする必要があります。

　なお，（「後見人の解任の審判事件が係属していること」とともに）後見人の職務の執行の停止及び職務代行者の選任の（審判前の）保全処分の要件とされている「被後見人の利益のため必要があるとき」について，金子修編著『逐条解説　家事事件手続法』413頁（商事法務，2013）は「典型的には，成年後見人に後見事務の遂行上の不正や不適切な行動があり，現在の状況に危険があり，それを暫定的に除去する必要がある（本案の判断を待っていては成年被後見人の利益が害されることが懸念される）ような場合が想定される。」と説明しており，松川正毅＝本間靖規＝西岡清一郎編『別冊法学セミナーNo.225　新基本法コンメンタール人事訴訟法・家事事件手続法』351頁〔宮本誠子〕（日本評論社，2013）は，「成年後見人による多額の横領行為や財産隠匿行為，成年被後見人に対する虐待行為などがあり，本人の財産の保全，身上監護ができず，後見人解任の蓋然性が高い場合をいう。」と解説していることが，参考になると思われます。

　d　解任の審判の確定
　後見人の解任の審判に対しては，後見人（のみ）が即時抗告をすることができ，後見人の解任の申立てを却下する審判に対しては，申立人，監督人並びに被後見人及びその親族が即時抗告をすることができます（家事法123条1項4号・5号）。後見人の解任の審判に対して，（審判の告知を受けた）後見人が，審判の告知を受けた日から2週間の不変期間内に即時抗告をしないときは，2週間の即時抗告期間の経過により（即時抗告権を有する後見人がこれを放棄したときはその時点で）後見人の解任の審判は確定し，その効力を生じます（家事法74条，86条）。

オ　後見人の任務終了時の管理計算の立会い（民871条）
　民法871条は，後見人又はその相続人が管理の計算（後見の計算）をする際に，計算が適正にされることを目的として，監督人の立会いを要する旨を定めています。すなわち，後見人の任

第2章 監督人の義務と権限

務が終了したときは，後見人又はその相続人は，2か月以内にその管理の計算（後見の計算）をしなければならないとされていますが（民870条本文），この後見の計算は，監督人があるときは，その立会いをもってしなければなりません（民871条）。

監督人の立会いは，後見が絶対的に終了した場合（被後見人について後見開始の原因が消滅したため家庭裁判所により後見開始の審判が取り消された場合（民10条）や，被後見人が死亡した場合のように，後見を必要としなくなったため後見そのものが終了した場合）にも，相対的に終了した場合（後見そのものは終了していないが，後見人が「欠けた」場合。民843条2項，851条2号）にも，後見人又はその相続人が後見の計算をする際の要件とされています。後見人が後見の計算をしない場合には，監督人は，後見の計算を自己の立会いの下ですべきことを家庭裁判所に請求することができます（東京家審昭38.10.19家月16.3.115）。

後見の計算の際の監督人の立会いは，被後見人の財産の状況や後見の事務の内容をよく知る監督人が，後見人又はその相続人による後見の計算をチェックすることによって，適正な計算を確保しようとするものですが，さらに，後見の相対的終了の場合（後見人が交替する場合）には，監督人が介在することによって，前任の後見人又はその相続人と後任の後見人との通謀を防止する効果があり，被後見人が行為能力を回復したことによる後見の絶対的終了の場合には，監督人の立会いによって後見人の被後見人に対する影響力を排除し，適正かつ公正な計算の環境を確保するという効果もあります。

(ア) 監督人の「立会い」

後見の計算の「立会い」とは，後見の計算の場所に臨んで後見の計算を監督することをいいます。監督人は，後見の計算が適正を欠くと認められるときは，監督権を行使して，後見人又はその相続人に対し計算の補正又はやり直しを命ずることができます。後見中に監督人が交替した場合には，後見の計算をする時点における監督人が立会いをすべき者となります（前掲東京家審昭38.10.19〔相対的終了の場合の審判例〕）。複数の監督人が選任されている場合には，原則として，各監督人が単独でその権限を行使することができますので，後見の計算の立会いについても，数人の監督人が共同して又は事務を分掌してその権限を行使すべき旨の定め（民852条，859条の2第1項）がない限り，複数の監督人のうちの1人が立ち会えば足ります。しかし，家庭裁判所が，数人の監督人が共同してその権限を行使すべきことを定めているときは，後見の計算の立会いも，数人の監督人が共同して行わなければなりません。また，家庭裁判所が，数人の監督人が事務を分掌してその権限を行使すべきことを定めているときは，事務の分掌の仕方にもよりますが，一般的には，財産管理の監督に関する事務を分掌された監督人が，後見の計算の立会いをすべきであると考えられます。

(イ)　民法871条違反の効果等

　監督人が選任されているにもかかわらず，後見人又はその相続人が監督人の立会いを欠いて行った後見の計算は，その効力を生じないと解されます。後見人又はその相続人によって行われた後見の計算が，監督人の立会いを欠くため，その効力を生じない場合には，監督人は，後見事務の監督権限（民851条）に基づき，後見人に対して，監督人の立会いの下で改めて後見の計算をすることを命ずるよう，家庭裁判所に請求することができます（前掲東京家審昭38.10.19）。

　もっとも，後見の計算への監督人の立会いは，公正かつ適正な管理の計算を確保し，被後見人の利益を保護することを目的とするものですから，この趣旨に反しない限り，厳格に解する必要はないとも考えられます。したがって，監督人の立会いを欠いた後見の計算も，監督人が事後に承認すれば，有効となると解されます。

　なお，後見の計算の立会いは，監督人の義務ですから，その義務違反によって被後見人に損害を生じさせた監督人は，損害賠償責任を負います。すなわち，監督人の立会いをもって行われた後見の計算が不正確又は不適正であったために，被後見人に損害が生じた場合において，監督人が善管注意義務を怠ったと認められるときは，後見の計算をした後見人又はその相続人とともに，監督人も，相応の損害賠償義務を負います。さらに，監督人が，やむを得ない事由がないにもかかわらず，後見人又はその相続人による後見の計算に立ち会わない場合には，解任事由（後見監督の任務に適しない事由）に該当する可能性があります（民852条，846条）。

(2)　後見人が欠けた場合の後任者選任の請求（民851条2号）

　後見人が辞任（民844条），解任（民846条），欠格事由の発生（民847条）又は死亡により欠けた場合には，被後見人の利益を保護する者が不在となるので，監督人は，遅滞なく，家庭裁判所に後任の後見人の選任を請求すべき義務を負います。後見人が辞任する場合には，後見人が自ら後任者の選任を遅滞なく家庭裁判所に請求する義務を負いますが（民845条），後見人が遅滞なくその請求をしない場合には，監督人が後任者の選任の請求をすべき義務を負うことになります。これに対し，後見人が解任，欠格事由の発生又は死亡によって欠けた場合には，専ら監督人が後任者の選任を請求すべき義務を負います。

(3) 急迫の事情があるときの必要な処分（民851条3号）

ア 意義

　後見人が欠けた場合や後見人が病気，一時不在等の事由によりその職務を行うことができない場合に，急速な処理を要する後見事務があり，これをしなければ被後見人に回復し難い損害が生ずるおそれがあるときは，監督人は，被後見人又は後見人を代理して，自ら必要な処分をすることができます。

　「急迫の事情がある」とは，特定の後見の事務を行うことが本人の利益のために切迫して必要である（緊急にこれを行わなければ，本人に回復し難い損害が生ずるおそれがある）にもかかわらず，後見人が病気や一時不在等の事由によりこれを行うことができないような場合をいいます。また，「必要な処分をする」とは，後見人に代わって本人の利益の保護のために必要な権限を行使すること（例えば，時効の中断，差押え，債権者代位権の行使，倒壊しそうな家屋の修繕等の代理権の行使，本人に不利益な契約についての取消権の行使等）をいいます。

　民法851条3号の規定により急迫の事情がある場合に監督人が後見人に代わってすることができる必要な処分の範囲は，後見人が行うことができる事務の全範囲に及びます。

　なお，「急迫の事情がある場合」における「必要な処分」（民851条3号）として，監督人が，被後見人に代わって，その居住の用に供する建物又はその敷地について，売却，賃貸，賃貸借の解除又は抵当権の設定その他これらに準ずる処分をするには，家庭裁判所の許可を得なければなりません（民852条，859条の3）。

イ 保佐監督人・補助監督人の場合

　民法851条3号にいう「急迫の事情がある場合に，必要な処分をすること。」とは，上記のとおり，「急迫の事情がある場合に，（成年後見監督人が）成年後見人に代わって必要な処分をすること。」という意味であり，保佐監督人・補助監督人の場合には，「急迫の事情がある場合に，（保佐監督人・補助監督人が）保佐人・補助人に代わって必要な処分をすること。」という意味です（民876条の3第2項，876条の8第2項，851条3号）。すなわち，保佐監督人・補助監督人が民法851条3号の規定の準用規定により行う「必要な処分」は，飽くまで，保佐監督人・補助監督人が，保佐人・補助人に付与された権限を代行するものです。

　そのため，保佐監督人・補助監督人は，ここにいう「必要な処分」として，保佐人・補助人の有する同意権，取消権及び代理権の範囲を超える処分をすることはできません。保佐監督人・補助監督人の監督の権限は，保佐人・補助人に付与された権限の濫用を防止するためのも

のですから，保佐人・補助人の同意権，取消権及び代理権の範囲を超えた権限の行使を認める必要はないからです。したがって，保佐監督人・補助監督人の場合には，その権限の行使は，当該保佐人・補助人に付与されている権限の範囲に限られることになりますので，例えば，保佐人に付与された代理権が，預貯金の管理に関するもののみである場合には，保佐監督人は，急迫の事情があるときであっても，被保佐人の所有する不動産の処分をすることはできません。また，保佐人に動産の売買に関する代理権のみが付与されている場合に，保佐監督人が，急迫の事情があるとして，消費貸借に関する代理権を行使することもできないことになります。

(4) 利益相反の場合の代理（民851条4号）

監督人が選任されている場合には，後見人又はその代表する者と被後見人との利益が相反する行為については，監督人が被後見人を代表します（民851条4号，860条ただし書）。

ア 「利益相反行為」

後見人又はその代表する者と被後見人との「利益が相反する行為」とは，例えば，後見人が銀行から借入れをする場合において，被後見人を物上保証人（担保提供者）として，被後見人が所有する不動産に抵当権を設定するなどの行為が挙げられます。この場合，もし，後見人が被後見人を代理する（後見人が被後見人の代理人を兼ねる）ことができるとすると，後見人が，被後見人の利益よりも自己の利益を優先してしまうおそれがあります。そのため，このような場合には，利害関係のない監督人が，物上保証人（担保提供者）となる被後見人を代理する必要があります。

なお，当然のことながら，被後見人と後見人との利益相反行為について被後見人を代理して取引を行う監督人は，その取引（利益相反行為）の必要性を慎重に検討しなければならず，もし，その取引が被後見人の利益の保護のために必要であるとは考えられない場合や，その取引によって被後見人が受ける利益よりも，その取引によって被後見人が受ける不利益の方が大きいと考えられる場合には，その取引（利益相反取引）を行うべきではありません。

イ 「その代表する者」

「後見人又はその代表する者」という場合の「その代表する者」とは，後見人が法律上又は委任によって代表する者のことであり，例えば，後見人を代表者とする法人，後見人の親権に服する未成年の子，後見人の被後見人（未成年被後見人又は他の成年被後見人）を意味します。

ちなみに，Aが，甲乙丙3人の被後見人の後見人である場合において，甲乙丙間で遺産の分割をする必要があるときは，例えば，後見人（A）が甲を代表し，監督人が乙を代表し，家庭

第2章　監督人の義務と権限

裁判所によって選任された特別代理人が丙を代表して，遺産分割協議をすることができます（2人以上の監督人が選任されているときは，2人の監督人が各別の被後見人を代表することもできます。民860条，826条，851条4号）。

ウ　保佐監督人・補助監督人の場合

　保佐監督人・補助監督人が選任されている場合には，保佐人・補助人又はその代表する者と被保佐人・被補助人との利益が相反する行為については，保佐監督人・補助監督人が，被保佐人・被補助人を代表し，又は被保佐人・被補助人がこれをすることに同意します（民876条の3第2項後段，876条の2第3項，876条の8第2項後段，876条の7第3項）。保佐人・補助人又はその代表する者と被保佐人・被補助人との間の利益相反行為について，保佐人・補助人に代理権又は同意権を行使させるのは，被保佐人・被補助人の利益の保護の観点から適当ではないので，保佐監督人・補助監督人が選任されている場合には，保佐監督人・補助監督人が保佐人・補助人に代わって代理権又は同意権を行使します。

(5)　後見人の営業等の同意

　後見人が，被後見人に代わって営業若しくは民法13条1項各号（元本の領収は除く。）に掲げる行為をするときは，監督人はこれに同意するかどうかの判断をする必要があります（民864条）。本人の利害に大きな影響を与える行為について，後見人の判断のみに委ねるのではなく監督人の同意を要するとしたものです。

　監督人の同意を要する行為の一覧や，同意をする際の注意点，同意を欠く法律行為の効力等については，第3章第4の2を参照してください。

3　家庭裁判所への報告義務の有無と実務上の扱い

　民法863条1項は，監督人又は家庭裁判所は，いつでも，後見人に対し後見の事務の報告又は財産の目録の提出を求めることができると規定しています。したがって，後見人は，監督人又は家庭裁判所から求められたときは，監督人又は家庭裁判所に対して，後見の事務の報告をし，又は財産目録を提出する必要があります。

　このように，民法は，後見の事務の監督に関する規定を置き，後見人に監督人又は家庭裁判所への報告義務を課していますが，これに対して，監督人に対しては，特に後見人の事務の監督の結果等を家庭裁判所に報告すべきことを求める規定を置いていません。これは，上記のと

おり，家庭裁判所が直接後見人に対して報告を求めることができるものとしているため，重ねて監督人から家庭裁判所への報告に関する規定を設ける必要はないと考えたからだと思われます。

　しかし，実務上は，監督人は，後見人の事務の監督等の職務を行ったときは，その経過・結果等を家庭裁判所に報告しています。報告の時期は，監督人が選任されていない場合に後見人が家庭裁判所に対して事務の報告をするときと同様に考えればよく，遺産分割等の利益相反行為の代理その他の特別の事務を行ったときは，その都度報告し，特別な事務を行わなかったときであっても，定期的に報告します。もちろん，後見又は後見監督の終了時にも，後見監督の事務の報告をします。

第2 任意後見監督

1 任意後見監督人の義務

(1) 善管注意義務（任意後見7条4項，民644条）

　任意後見監督人と本人との法律関係は，成年後見監督人等と成年被後見人等との関係と同様に，他人のために一定の事務を行うことを責務とする点において，民法上の委任の関係に準ずるもの（一種の法定委任関係）であるといえます。そのため，成年後見人等と同様に，民法の委任に関する規定中の善管注意義務に関する規定が任意後見監督人について準用されており（任意後見7条4項，民644条），任意後見監督人は，その監督の事務を行うに当たって，善良な管理者の注意をもって事務処理を行う義務（善管注意義務）を負うものとされています。

(2) 本人の意思の尊重及び身上配慮義務

　任意後見法6条は，任意後見人は，任意後見人の事務を行うに当たっては，本人の意思を尊重し，かつ，その心身の状態及び生活の状況に配慮しなければならないと規定しています。任意後見人がその事務を行う場合における指針となるこの規定は，任意後見監督人が事務を行う場合においても重要な指針となるものであり，任意後見監督人が，急迫の事情がある場合に，任意後見人の代理権の範囲内において，必要な処分をするときや，任意後見人又はその代表する者と本人との利益が相反する行為について本人を代表するとき（任意後見7条1項3号・4号）には，任意後見監督人は，任意後見法6条と同様の本人意思尊重・身上配慮義務を負うと考えられます。

2 任意後見監督人の権限

(1) 任意後見人の事務の監督（任意後見7条1項1号）

　任意後見監督人の基本的な職務は，「任意後見人の事務を監督すること」です（任意後見7条1項1号）。監督の対象となる「任意後見人の事務」とは，任意後見法「第2条第1号に規定する委託に係る事務」，すなわち，任意後見契約において「委任者が，受任者に対し，精神上の障害により事理を弁識する能力が不十分な状況における自己の生活，療養看護及び財産の管理に関する事務の全部又は一部を委託し」た場合における，「その委託に係る事務」であり，当該任

意後見契約において代理権付与の対象とされた法律行為に限定されます（任意後見6条）。

ア　任意後見監督人から任意後見人への報告請求（任意後見7条2項）

　任意後見監督人は，任意後見人の事務を監督し，その事務に関して家庭裁判所に定期的に報告をすることを主たる職務とします（任意後見7条1項1号・2号）。そして，任意後見法7条2項は，任意後見監督人の監督を実効的なものにするため，任意後見監督人は，いつでも，任意後見人に対し任意後見人の事務の報告を求め，又は任意後見人の事務若しくは本人の財産の状況を調査することができると定めています。具体的には，事務処理の状況や支出の用途・計算等について，任意後見人から資料の提出と報告を受け，事務処理が本人の利益のために適正に行われているかどうかをチェックします。特に，任意後見人が本人の財産の管理を委託されている場合には，支出の用途・計算等について，厳正なチェックが必要となります。任意後見監督人による任意後見人の事務の調査は，適法性の調査（違法でないことのチェック）だけでなく，妥当性の調査（当不当のチェック）にも及びます。なお，成年後見監督人の成年後見人に対する報告請求権及び調査権を規定している民法863条1項は，あわせて成年後見監督人の成年後見人に対する財産目録提出請求権を定めていますが，任意後見では，法律上は任意後見人に財産目録の作成義務はありませんので，任意後見法7条2項は，任意後見監督人の任意後見人に対する財産目録提出請求権を定めていません。ただし，任意後見人は，任意後見契約書に財産目録等の作成義務の定めがあれば，財産目録等を作成する必要があります。また，任意後見契約書に財産目録等の作成義務が定められていない場合であっても，任意後見監督人は，任意後見人が職務を開始するときその他本人の財産状況や収支状況を把握する必要があると認めるときは，監督権の行使（任意後見7条2項）として任意後見人に対して，本人の財産目録や収支予定表の作成と提出を求めることができます（第4章第3の2(4)参照）。

　任意後見では，任意後見監督人が直接の監督機関であり，家庭裁判所は任意後見監督人を通じて間接的な監督を行うものとされていますので，家庭裁判所が直接任意後見人に対して報告請求権及び調査権を行使することは予定されておらず，任意後見人に対する直接の報告請求権及び調査権は，専ら任意後見監督人が行使することとされています。

イ　任意後見人の解任請求（任意後見8条）

　任意後見人に不正な行為，著しい不行跡その他その任務に適しない事由があるときは，家庭裁判所は，任意後見監督人，本人，その親族又は検察官の請求により，任意後見人を解任することができるとされています（任意後見8条）。したがって，任意後見監督人による監督の過程

第2章　監督人の義務と権限

において，任意後見人に不正な行為，著しい不行跡その他その任務に適しない事由があると認めるときは，任意後見監督人は，家庭裁判所に対し，任意後見人の解任を請求します。なお，任意後見制度においては，家庭裁判所による任意後見人の事務の監督は，飽くまで任意後見監督人を通じた間接的な監督にとどまるため，家庭裁判所は，職権で任意後見人を解任することはできません。

(2)　任意後見人の事務の家庭裁判所への定期的な報告（任意後見7条1項2号）

ア　家庭裁判所の任意後見監督人に対する監督（任意後見7条3項）

　任意後見制度においては，家庭裁判所は，任意後見監督人に対する監督を通じて，間接的に任意後見人の事務を監督します。すなわち，家庭裁判所は，必要があると認めるときは，任意後見監督人に対し，任意後見人の事務に関する報告を求め，任意後見人の事務若しくは本人の財産の状況の調査を命じ，その他任意後見監督人の職務について必要な処分を命ずることができます。

　通常の案件では，任意後見監督人から任意後見人の事務について定期的な報告を受けることが，家庭裁判所による監督の主な内容となります（任意後見7条1項2号）。「必要な処分」には，任意後見監督人に対して，監督の方法等について具体的な指示を行うこと等も含まれます。

　家庭裁判所による任意後見監督人に対する監督の具体的な内容は，次のとおりです。

(ｱ)　任意後見監督人の事務の調査（家事法224条）

　　上記のとおり，任意後見においては，家庭裁判所が任意後見監督人を通じて任意後見人の事務を監督することにより，任意後見人の事務の適正を図ることが予定されているため，家庭裁判所は，任意後見監督人に対し，任意後見監督人の職務について必要な処分を命ずることができますが（任意後見7条3項，家事法別表第一の115の項），この処分を命ずるためには，前提として任意後見監督人の事務を調査することができる必要があるところ，この調査は，家庭裁判所調査官が行うことが相当である場合があると考えられます。そのため，家庭裁判所は，家庭裁判所調査官に任意後見監督人の事務を調査させることができます。

(ｲ)　任意後見監督人の職務に関する処分等（家事規則118条，80条）

　　上記(ｱ)で家庭裁判所より調査を命ぜられた家庭裁判所調査官は，任意後見監督人の職務に関する処分の必要があると認めるときは，その旨を家庭裁判所に報告しなければならないとされています。

(ウ) 任意後見監督人に対する指示（家事規則117条2項）

　任意後見監督人に対する監督を実質的なものとするため，家庭裁判所は，いつでも，任意後見監督人に対し，任意後見監督人の事務に関し相当と認める事項を指示することができます。

イ　任意後見人の事務の家庭裁判所への定期的な報告（任意後見7条1項2号）

　上記のとおり，任意後見制度においては，家庭裁判所が任意後見監督人を通じて任意後見人の事務を監督することにより，その事務の適正を図ることが予定されています。この家庭裁判所の監督を実質的なものとするため，任意後見法7条1項2号は，任意後見監督人の職務として，任意後見人の事務に関し，家庭裁判所に定期的に報告することを定めています。

　すなわち，任意後見人の直接の監督機関である任意後見監督人は，任意後見法7条1項1号所定の任意後見人の事務の監督の結果を踏まえて，任意後見人の事務に関して家庭裁判所に対して定期的な報告をすることが義務付けられています。任意後見人の事務に関する家庭裁判所に対する定期的な報告が，任意後見監督人の恒常的な職務として規定されていることにより，家庭裁判所の任意後見監督人に対する監督権（任意後見7条3項）の適切な行使が，制度的に担保されていることになります。

ウ　定期の報告をすべき時期及び内容の指示（家事規則117条1項）

　任意後見法7条1項2号に定められた任意後見監督人の義務（任意後見人の事務の家庭裁判所への定期的な報告義務）を更に具体化するために，家事事件手続規則117条1項は，家庭裁判所は，任意後見監督人に対し，任意後見法7条1項2号に規定する報告の時期及び内容を指示しなければならないとしています。

(3) 監督以外の職務

　任意後見監督人の主要な職務は，任意後見人の事務の監督ですが，それ以外にも，任意後見監督人は，以下の職務を行います。なお，以下のア又はイの場合には，任意後見監督人は，本人のために自ら法律行為を行いますが，その場合であっても，任意後見監督人が本人のために行使する代理権は，本人が授権した任意後見人の権限（任意代理権）の範囲を超えることはありません。また，下記ア又はイの事由により任意後見監督人が本人の居住用不動産を処分する場合には，成年後見監督人等の場合とは異なり，家庭裁判所の許可を得る必要はありません（任意後見7条4項は，民859条の3の規定を準用していません。）。法定後見の場合とは異なり，任意後見の場合には，本人が自らの意思でその処分を任意後見人に授権しているので，任意後見監

督人がその権限の範囲内で行う処分について，家庭裁判所の許可を要するとの規制を加える必要はないと考えられるからです。

ア 急迫の事情があるときの必要な処分 （任意後見7条1項3号）

任意後見人の不在，病気等の急迫の事情がある場合には，任意後見監督人は，任意後見人の代理権の範囲内において，自ら必要な処分をします。

イ 利益相反の場合の代理 （任意後見7条1項4号）

任意後見人又はその代表する者と本人との利益が相反する行為について，任意後見監督人は，本人を代表します（本人を代理して自らその行為を行います。）。「その代表する者」とは，例えば，「任意後見人の親権に服する子」や「任意後見人を代表者とする法人」等です。

3 家庭裁判所への報告 （任意後見7条1項2号）

法定後見の場合には，家庭裁判所が直接成年後見人等に対して報告を求めることができるものとされていることから（民863条1項，876条の5第2項，876条の10第1項），成年後見監督人等から家庭裁判所への報告に関する規定は特に設けられていませんが，任意後見の場合には，家庭裁判所は，直接，任意後見人に報告を求めるのではなく，上記2の(2)イ記載のとおり，間接的に，任意後見監督人から報告を求めるものとされているわけです。

第3章

法定後見監督人の職務

第3章 法定後見監督人の職務

第1 家庭裁判所の選任の意図と監督の実務

1 第三者の後見人や監督人が選任されるケース

　家庭裁判所は，後見開始の審判をするときは，職権で，後見人を選任します（民843条1項）。また，家庭裁判所が後見人を選任するには，本人の心身の状態並びに生活及び財産の状況，後見人となる者の職業及び経歴並びに本人との利害関係の有無，本人の意見その他一切の事情を考慮します（民843条4項）。

　また，後見人の監督は，原則，家庭裁判所が行いますが，家庭裁判所は，「必要があると認めるとき」（民849条）は，監督人を選任することができます。

　実務では，以下の例のように複雑・困難になると予想される事案では，申立書に親族の後見人候補者を記載した場合であっても，親族以外の第三者が後見人や監督人として関与する場合があります。

　特に，専門職が，後見人や監督人に選任される形態をまとめると次のようになります。

【専門職の選任形態】

	選任形態	備　考
1	専門職後見人	単独選任
2	親族後見人　＋　専門職後見人	複数選任
3	専門職後見人　＋　専門職後見人	複数選任
4	親族後見人　＋　専門職監督人	監督人選任

　（後見監督人の選任）
　民法849条　家庭裁判所は，必要があると認めるときは，被後見人，その親族若しくは後見人の請求により又は職権で，後見監督人を選任することができる。

> 専門職後見人とは
>   各資格職の職能に関する専門性（例えば，弁護士や司法書士なら法律，社会福祉士なら福祉）を有している者
>
>   上山泰『専門職後見人と身上監護』（民事法研究会）より

【後見人に第三者が選任されたり，監督人が選任される例】

> Q　成年後見人等に後見人等候補者以外の方が選任されたり，成年後見監督人等が選任されるのはどのような場合ですか？

A　次のいずれかに該当する場合は，成年後見人等に後見人等候補者以外の方を選任したり，成年後見監督人等を選任したりする可能性があります。

(1)　親族間に意見の対立がある場合
(2)　流動資産の額や種類が多い場合
(3)　不動産の売買や生命保険金の受領など，申立ての動機となった課題が重大な法律行為である場合
(4)　遺産分割協議など後見人等と本人との間で利益相反する行為について後見監督人等に本人の代理をしてもらう必要がある場合
(5)　後見人と本人との間に高額な貸借や立替金があり，その清算について本人の利益を特に保護する必要がある場合
(6)　従前，本人との関係が疎遠であった場合
(7)　賃料収入など，年によっては大きな変動が予想される財産を保有するため，定期的な収入状況を確認する必要がある場合
(8)　後見人等と本人との生活費等が十分に分離されていない場合
(9)　申立て時に提出された財産目録や収支状況報告書の記載が十分でないなどから，今後の後見人等としての適正な事務遂行が難しいと思われる場合
(10)　後見人等候補者が後見事務に自信がなかったり，相談できる者を希望したりした場合

第3章　法定後見監督人の職務

⑾　後見人等候補者が自己または自己の親族のために本人の財産を利用（担保提供を含む。）し，または利用する予定がある場合
⑿　後見人等候補者が，本人の財産の運用（投資）を目的として申し立てている場合
⒀　後見人等候補者が健康上の問題や多忙などで適正な後見等の事務を行えない，又は行うことが難しい場合
⒁　本人について，訴訟・調停・債務整理等，法的手続きを予定している場合
⒂　本人の財産状況が不明確であり，専門職による調査を要する場合
＊　上記⑴から⒂までに該当しない場合でも，裁判所の判断により後見人候補者以外の方を成年後見人等に選任したり，成年後見監督人等を選任する場合があります。

【出典：東京家庭裁判所ホームページ「後見Q＆A」より】

2　後見開始と同時に監督人が選任される場合

　後見人の監督は，原則，家庭裁判所が行います。また，家庭裁判所は，「必要があると認めるとき」（民849条）は，監督人を選任することができるようになっています。
　この「必要があると認めるとき」とは，上記の例のように後見人の業務が複雑・困難になると予想されるケースが考えられますが，監督人選任の目的別にとらえると次のように分類することができます。

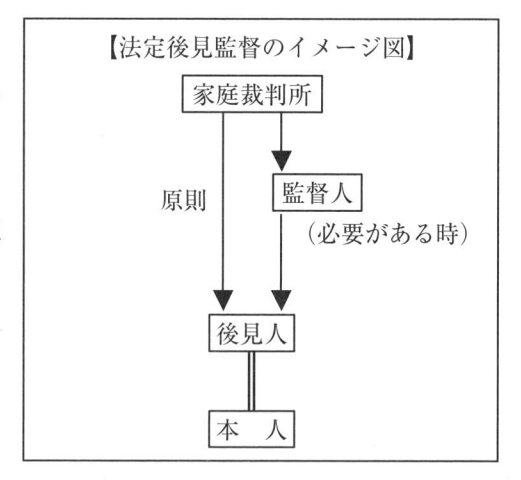

【法定後見監督のイメージ図】

家庭裁判所 → 監督人（必要がある時）
家庭裁判所 —原則→ 後見人
監督人 → 後見人
後見人 — 本人

	分　類	目　的
1	不動産が多い，多額の保険金を受領する予定の場合等 （財産が多種・多額，管理に専門性を必要性とする。）	継続監督型
2	親族間で，財産管理や身上監護方針でもめている場合等 （親族間の紛争又はそのおそれあり。）	継続監督型
3	不動産の売却や遺産分割が予定されている場合等 （重要財産の処分など重要な法律行為を要する。）	課題解決型
4	後見人の後見事務の内容の理解力不足や事務手続に不慣れな場合等	後見人教育型
5	上記例の幾つかが複合している。	複合型

3　事後的に監督人が選任される場合

　後見開始当初は，監督人は選任されていなかったものの，事後的に監督人が選任される場合もあります。事後的に選任される例としては，主に以下のことが考えられます。いずれも後見人の事務を是正し，あるいは，課題を解決する方針を立てるため，頻繁に面談や監督事務を行ったりと監督人の業務量は多くなると考えられます。

	分　類	目　的
1	後見人の業務に不正があった場合	継続監督型
2	後見人の業務の不正を未然に防止する場合 （事後的に管理財産が増加した場合など）	継続監督型
3	不動産売却や遺産分割など特殊な財産上の行為を要するようになった場合	課題解決型

4　監督人に期待される役割

　「継続監督型」においては，家庭裁判所の選任意図として，後見人の適正な職務を担保するための「監督」に重点が置かれていると考えられますが，「課題解決型」や「後見人教育型」のように後見事務の内容の理解力不足や事務手続に不慣れな場合においては，課題解決に向けて後見人にアドバイスを与えたり，業務に不慣れな後見人の相談相手となって「指導」する役割

も期待されていると考えられます。

　一方，事後的に監督人が選任される場合においては，後見人に不正があった又は不正が疑われる場合が多いと思われますので，選任された監督人は，不正の有無を調査して正す等，後見人に対し毅然とした態度で臨むことが期待されています。

　つまり，監督人は，監督人が選任された理由を把握し，それを踏まえた上で後見監督を行っていくことが必要です。

　なお，当初は，後見人にアドバイスや指導を与えることを期待された監督人でも，後から，後見人に不正があった又は不正が疑われる事情が発生した場合には，監督人は，後見人に毅然とした態度を示すことが必要です。このように監督業務には，ときには後見人の相談相手として親切に対応する役目，ときには毅然とした態度を示さなければならない役目の双方を使い分けながら業務を遂行しなければならない難しさがあるといえます。

　監督人が，業務を通じて後見人と親しくなると，普段の監督事務を円滑に行うことができるかもしれません。しかし，いざ後見人に不正又はその疑いが発生した場合，厳しく指摘すべきところを，親しくなりすぎたがために遠慮してしまうおそれもあります。一方，監督人は職務に厳格であるべきですが，杓子定規に物事を進めると，後見人と対立し，普段の監督事務に支障が出るおそれもありますので，そのバランスをとることも必要でしょう。

5　家庭裁判所と監督人の関係

　監督人が選任された場合，家庭裁判所は，監督人を通じて後見人の事務を把握するようになります。近年の成年後見事件の急増から，家庭裁判所の監督業務を補う目的で，監督人が選任されている状況にあっては，家庭裁判所は後見人の業務内容に直接接していないため，監督人が，後見人の不正行為について監督責任を追及される可能性があります。

　法定後見においては，監督人が選任された場合でも，家庭裁判所は，後見人に対して直接監督を行うことができる仕組みとなっています。しかし，実務では，家庭裁判所は，監督人を通じて後見人の事務を把握しているのが現状ですので，監督人は，家庭裁判所からの指示・指導を待って監督業務を行うという受け身の姿勢であってはなりません。

　もし，後見人に不正な行為や不適切な行為があった場合には，監督人の責任にもなり得ますので，監督人の業務は，他人（後見人）が管理している財産に責任を負うという意味で，自分自身が後見人を務める以上に，その責任が大きい業務といえます。

　なお，監督人が選任されている場合でも，監督人による監督が，家庭裁判所による監督に優

先するというわけではありません。監督人が選任されていても，家庭裁判所が，監督人を経由せずに直接，後見人を監督することもあります（民863条1項）。

【参　考】
成年後見人の着服で後見監督人に損害賠償責任が認められた裁判例
（大阪地堺支判平成25年3月14日金商1417号22頁）

1　概　要
　　平成17年3月，家庭裁判所が，弁護士を後見監督人に選任した。平成20年9月になり，後見人が本人の預貯金から計約7,500万円を着服したことが発覚した。監督人は，家庭裁判所が必要な調査をしていると誤認し，選任後の約3年半もの間，後見人の後見事務を全く調査していなかった。

2　裁判所の判断
　(1)　後見監督人の責任について
　　　後見監督人は，家庭裁判所からの具体的な指示を受けなくても，後見監督人たる自らの判断で後見事務を監督すべき職務を誠実に履行しなければならない。約3年半もの間，一切の調査をしていない監督人に善管注意義務違反があることは明らかとして，後見人の着服金について賠償義務を負うとした。
　(2)　家庭裁判所（国）の責任について
　　　成年後見事件の急増に伴い，事件が累積している中，あえて後見監督人を選任した事件については，家庭裁判所は後見人の不行跡の徴候に格別接していない状況下では，家事審判官が能動的に調査をしなかったとしても家事審判官のその所作が賠償義務を発生させる違法なものに該当するというべきではない。国には賠償責任はない。

6 保佐監督人，補助監督人について

　保佐，補助の場合でも，監督人選任の「必要があると認められるとき」には，監督人が選任されます（民876条の3第1項，876条の8第1項）。

　保佐監督人，補助監督人に就任した場合，特に留意すべきは，営業若しくは民法13条1項各号に掲げる行為をするときは，後見監督人の同意を必要とする民法864条の規定が，保佐監督，補助監督には準用されていないことです。そもそも本人の同意のもと代理権が付与されているのであって，その行為の有効性を監督人の同意にかからしめることは相当ではないことが理由にあると思われます。

　例えば，後見監督人が選任されている場合，成年後見人が不動産を売却するには，後見監督人の同意が必要で，同意を得ず売却をした場合には，本人や後見人が取り消すことが可能です。一方，不動産処分の代理権が付与されている保佐人や補助人の場合には，法律上，監督人の同意が不要なので，不動産処分の必要性や代金等について本人の利益にならなかったとしても，取り消すことができないことになります。

　代理権が付与された保佐人又は補助人の監督人に選任された場合には，保佐人又は補助人が代理権を使って不正な行為や権限の乱用をしないように監督する必要があります。そのためには，保佐人，補助人が何らかの契約や財産処分行為を行おうとするときには，いつでも監督人に事前に相談してもらえる体制や雰囲気作りを心掛ける必要があるといえます。

第2 監督事務の全体の流れ（後見開始と同時選任の場合）

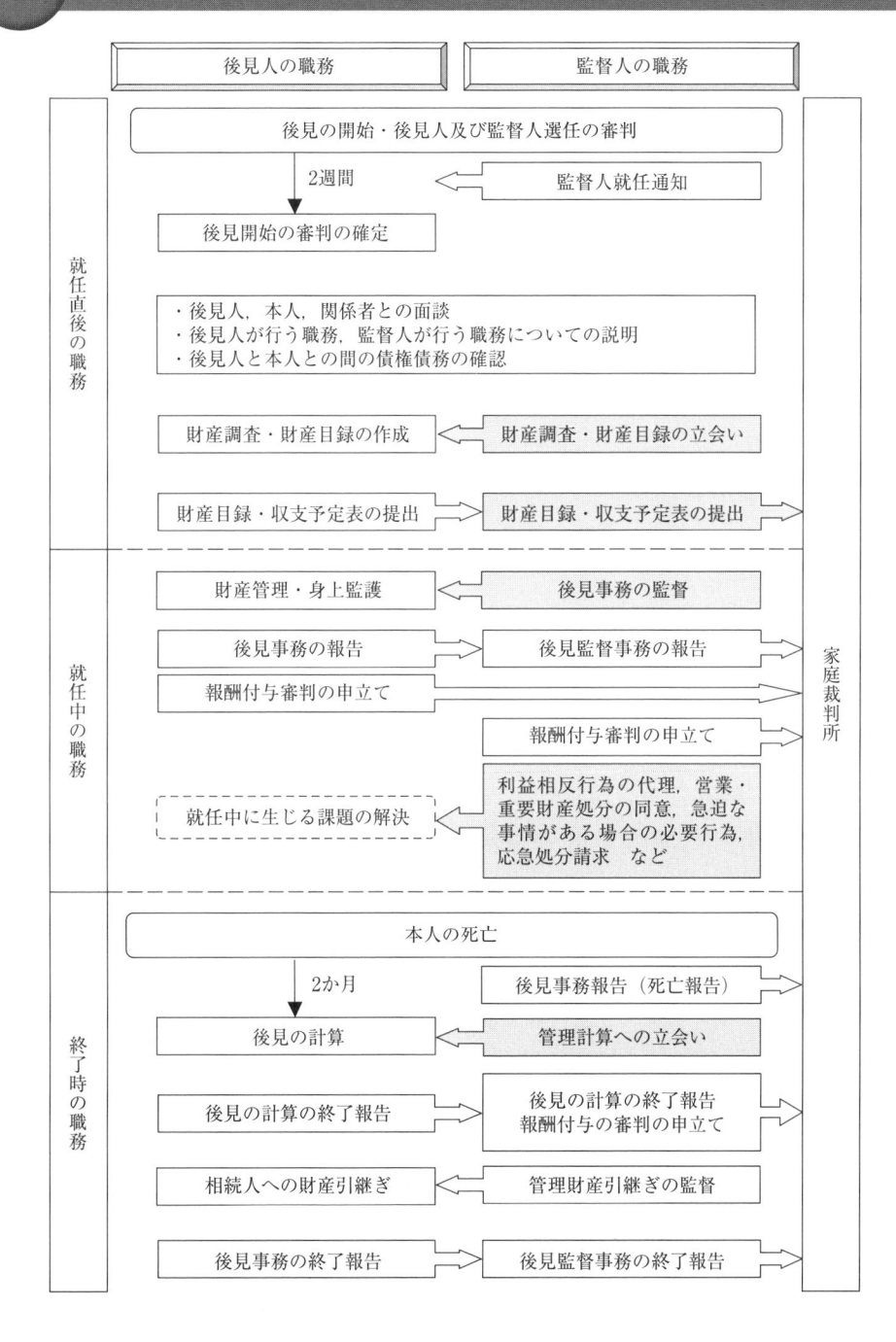

	後見人の職務	監督人の職務	
就任直後の職務	後見の開始・後見人及び監督人選任の審判 ↓2週間 後見開始の審判の確定 ・後見人，本人，関係者との面談 ・後見人が行う職務，監督人が行う職務についての説明 ・後見人と本人との間の債権債務の確認 財産調査・財産目録の作成 財産目録・収支予定表の提出	監督人就任通知 財産調査・財産目録の立会い 財産目録・収支予定表の提出	家庭裁判所
就任中の職務	財産管理・身上監護 後見事務の報告 報酬付与審判の申立て 就任中に生じる課題の解決	後見事務の監督 後見監督事務の報告 報酬付与審判の申立て 利益相反行為の代理，営業・重要財産処分の同意，急迫な事情がある場合の必要行為，応急処分請求　など	
終了時の職務	本人の死亡 ↓2か月 後見の計算 後見の計算の終了報告 相続人への財産引継ぎ 後見事務の終了報告	後見事務報告（死亡報告） 管理計算への立会い 後見の計算の終了報告 報酬付与の審判の申立て 管理財産引継ぎの監督 後見監督事務の終了報告	

第3章 法定後見監督人の職務

第3 監督人の就任直後の職務

1 審判書謄本受領から確定まで

(1) 監督人の選任の審判

　監督人の選任は，後見開始と同時にされる場合と，後見開始後に家庭裁判所による後見監督の過程においてされる場合とがあります。本書では便宜，前者を「同時選任」，後者を「異時選任」といいます。

　監督人選任の審判は即時抗告をすることができない審判ですので，選任された監督人に審判が告知されたときに確定します（家事法74条2項）。

　ただし，同時選任の場合は，後見開始の審判について即時抗告が可能ですので，監督人は，後見開始の審判が確定してから職務を開始することになります。一方，異時選任の場合，監督人は審判が告知されたと同時に職務を開始する必要があります。

資料1-1：審判書（同時選任）
資料1-2：審判書（異時選任）

(2) 事件記録の閲覧，謄写

　当事者又は利害関係を疎明した第三者は，裁判所の許可を得て裁判所書記官に対して記録の閲覧等を請求することができ（家事法47条1項），裁判所は当事者からの請求があったときには記録の閲覧等を許可しなければならない（家事法47条3項）とされています。なお，実務では，後見開始の審判の確定前であっても，監督人を当事者として閲覧・謄写請求に応じている家庭裁判所もあるようです。

　監督人に選任されたら，まずは必要な事件記録について閲覧・謄写の請求をして事件内容を把握し，監督人が選任された理由や解決すべき課題を確認します。監督人が選任された理由や解決すべき課題を知ることは，今後の監督事務方針を立てるに当たり重要です。特に異時選任がなされるのは，家庭裁判所の後見監督の過程において後見人が行う事務に何らかの問題が生じている事案，又は解決しなければならない課題が事後的に発生した事案であると考えられますので，選任後すぐに閲覧・謄写請求をして事件内容などを把握する必要があります。

　また，監督人選任の理由によっては，後見人が第三者の介入を拒否したり，監督報酬の支払に抵抗を示したりしている場合もありますので，監督人選任について後見人がどのような反応を示したかを確認しておくと，後見人との初回面談に当たって相応の準備ができるでしょう。

資料2：閲覧・謄写申請書

(3) 後見人への就任通知

　同時選任の場合，後見人や監督人が職務を行うことができるようになるのは審判確定後ですが，確定後に就任の通知をしていては，監督人が把握していないところで後見人が単独で動き始める可能性がありますので，審判確定前，つまり監督人選任審判の告知を受けたらすぐに就任の通知をして，最低限の注意事項についてはあらかじめ伝えておく必要があるでしょう。異時選任の場合，監督人が選任された時点で既に後見人は単独で法律行為等を行っていますので，監督人選任審判の告知を受けたらすぐに就任の通知をして，今後の対応などについて指示をする必要があります。

　ここでは，後見人と監督人が今後面談して打合せをする前に後見人に準備しておいてもらいたいことや注意事項として，【図表3-1】にある項目について指示をします。

　後見人に準備してもらう書類や今後の手順，注意事項などが正確に伝わるように，文書による方法が望ましいでしょう。ただし，緊急を要するケースにおいては，記録の閲覧・謄写後すぐに電話連絡をして，最低限の注意事項を伝えるようにします。

　同時選任の場合は，審判確定前にこれを行うことで，財産調査・目録作成前に財産行為を行うことがないように，また，監督人の立会いなしに後見人が家庭裁判所に財産目録を提出することがないようにすることが目的です。

　その後，具体的な打合せをするため，後見人と初回面談の日程調整を行います。

〈最初の見極めが重要〉

　後見人への就任通知により，監督人は初めて後見人に接触することになります。監督人による初めての指示に，後見人がどのように反応するのかを見ることで，その後見人の事務能力の見極めをし，今後の監督事務の方法を検討します。

　例えば，資料3・資料5（第6章参照）にあるように，あえて後見人自身に連絡先等を記載したものを監督人宛に返送してもらうように指示をします。後見人の連絡先等の情報は，事件記録の閲覧・謄写請求により判明しているとは思いますが，このようにすることで，監督人の最初の指示に後見人がどう反応するかを見るのも，後見人の資質を把握する方法の1つとして考えられます。

【図表3-1】監督人就任通知の中で指示又は説明すべき事項

> □ 後見人が審判確定後，最初にすべき後見事務を指示する。
> ・後見登記事項証明書の取得
> ・財産の調査，財産の引継ぎと確保
> ・金融機関，市町村役場，各関係機関への後見の届出
> ・財産目録及び収支予定表の作成
> ・後見事務日誌及び金銭出納帳の作成
> □ 本人と後見人との間の債権債務の申出について指示する。
> □ 財産目録作成前は，原則，預金の引出し等を禁止する。
> □ 監督人による財産目録及び収支予定表の審査について説明する。
> □ 家庭裁判所が指定した期限内に報告書を提出する必要があることを説明する。
> □ 後見業務についての注意事項と心構えを説明する。

資料3：成年後見監督人就任通知

資料4：後見業務についての注意事項と心構え

資料5：成年後見人連絡先

2 後見開始の審判確定から財産目録の作成まで

(1) 後見人・本人との面談

ア 後見人との面談

　後見人と初めて面談する際，同時選任の場合と異時選任の場合とでは，異なる対応方法を検討する必要があります。同時選任の場合では，まずは後見人との信頼関係を築くことに重点を置いてよいですが，異時選任の場合では，同時選任の場合よりもさらに監督人選任の理由に注意すべきであり，既に後見人の事務遂行に疑義が生じているようなケースでは，ある程度厳しい態度で面談に臨む必要があります。

　また，後見人が成年後見制度について，どのように理解しているかについても注意が必要です。特に，親族後見人が後見開始前にも事実上の財産管理をしていたような場合，本人との財産の区別がなされていないケースが多く見受けられます。また，親族という密接な関係性から，本人の財産を本人以外の家族や親族のために使うことに疑問を感じにくいため，後見開始後に

おいても，それが認められると考えているケースも見受けられます。一方，成年後見制度について正しく理解し，その重責にプレッシャーを感じている後見人もいるでしょう。さらに，後見人がパソコンを使えるかどうか，ある程度の書類を後見人自身が作成することができるかどうかなど，後見人によって事務処理能力も様々です。それぞれのケースや後見人の資質に応じた対応をするように心掛けましょう。

後見人以外の者が実際の財産管理事務や身上監護事務を行っている場合，例えば，後見人である夫が妻に日常的な財産管理事務をさせているようなケースや，家族全員で身上監護事務を分担しているようなケースでは，後見人だけでなくその事務を担当している家族なども一緒に面談するようにしましょう。

〈後見人による不祥事の原因として考えられる事情〉

日本弁護士連合会が，後見業務に携わった経験のある会員，各弁護士会の高齢者・障害者の権利に関する委員会等に所属している会員に対して，2011年6月6日から2011年7月31日までに，後見人の不祥事案件に関するアンケート調査を実施しました。その中で，不祥事が行われた原因がどこにあったと思うかという質問において，後見人側の事情として挙げられたものに次のようなものがありました（具体的な事例については，筆者がアンケートをもとに掲載に必要な範囲で要約しました。）。

①本人の財産と後見人や親族の財産とを区別する意識がない。
- 家族の財布は1つという意識があり，本人の財産を後見人自らが費消することが問題行為であるという認識が全くなかった。
- 後見人が唯一の推定相続人であるため，遺産相続の前倒しのような認識で本人の財産を横領していた。

②経済的困窮，借金（事業資金への流用を含む。）
- 事業が倒産危機状態にある親族が，後見人として多額の財産を管理していた。
- 経済的に困窮している後見人が，本人の使う見込みのない預貯金に手をつけた。
- 後見人の夫の会社が経営不振だった。
- 本人の財産に頼って生活してきた家族らが，後見開始後においても，その生活スタイルを変えることができなかった。

③大金を手にして誘惑が生じた。
- 多額の財産を自由にできる立場になったことで，ばれなければ大丈夫という気持ちや生来の浪費癖から費消してしまった。

第3章　法定後見監督人の職務

④本人の世話をしているので使ってもよいという意識があった。
- 本人の看護に大きなストレスがあり，その見返りとしてこれくらいは使ってもよいだろうという意識があった。
- 後見事務の対価として使って当然という意識があった。

⑤後見人の職務や責任についての理解不足
- 成年後見制度を利用することで，本人の財産を後見人が勝手に処分できると思っていた。
- 後見事務の内容や事務処理の方法が分からなかった。
- 不正を不正であると理解する能力が欠如していた。
- 本人であればこのくらいのことはしてくれるだろうという思い込みがあった。

⑥後見人としての能力や適正がない。
- 後見人としての認識が甘い。
- そもそも財産管理能力がない。
- 高齢である。

（日本弁護士連合会・後見人等の不祥事案件に関するアンケート調査結果のまとめ）

Q 初回面談の際は，どのようなことに重点を置いて説明したらよいでしょうか。

A 特に監督人への「相談」と「報告」について時間を割いて説明します。
　「相談」については，ささいなことでも定期的な行為以外のことをするときは，まず監督人に相談することをお願いします。これにより，本来監督人に確認する必要のないことや，後見事務に直接関係のないことまでも相談される可能性はありますが，後見人の勝手な判断で重大な財産行為などをされることは少なくなるでしょう。
　また，「報告」については，金銭出納帳や後見事務報告書などの書式，報告に必要な書類の一覧，コピーの取り方などを具体的に示して，監督人自身が今後監督しやすいような財産管理方法や報告方法を指示することで，家庭裁判所への報告の際に監督人が書類を作り直したりすることもなく，監督事務をスムーズに行うことができます。

イ　本人との面談

　後見人の職務は本人の身上監護と財産管理であり，それらを監督する立場である監督人は，本人の財産内容だけではなく，本人の身体の状態や生活状況についても把握しておく必要があります。そのために，監督人就任時には，後見人と一緒に本人と面談をするのが望ましいでしょう。

> **Q** 本人との面談の際には，どのようなことに注意すべきでしょうか。
>
> **A**　本人の能力の程度によっては，面談の際の対応に工夫をする必要があります。本人に対して，監督人選任の必要性や監督人の職務までをも詳細に説明すると，後見人として選任されている者に何か問題があるのではないかと本人を不安にさせることになり，特にそれが親族の場合には，本人と監督人との関係にも影響を与えるかもしれません。本人と後見人との関係性や事案の内容等を考慮して，本人に対してどのように説明するかを工夫する必要があります。

ウ　関係者との面談

　後見人が病気や一時不在により後見事務が行うことができない時などに，監督人は後見人に代わり後見事務の対応をしなければならない場合があるため，施設や病院関係者とも面談をしておくことが望ましいです。

　監督人が選任されたことで，関係者から問題のある後見人だと思われたり，本人が多額の財産を有していると思われたりすることもありますので，特に異時選任の場合は監督人選任の理由が外部に伝わることがないように配慮する必要があります。

(2) 後見人への職務の説明

ア　後見人の職務の説明のポイント

　監督人には，後見人の指導の役割も期待されていることから，後見人が今後適正で円滑な後見事務を行うことができるよう後見人の職務の内容について説明し，正確に理解してもらう必要があります。特に後見人の能力に不安があるために監督人が選任された「後見人教育型」においては，後見人の義務と責任，事務処理の方法について時間をかけて説明します。つまり，

第3章 法定後見監督人の職務

　監督人として職務を行うためには，後見人の職務に精通していることが前提であり，まずは監督人自身が後見人の職務について正確に理解していなければ，適切な監督を行うことはできないといえます。

　具体的な方法としては，家庭裁判所から送られてきた資料やパンフレット及び監督人就任通知（資料3）と一緒に送付した「後見業務についての注意事項と心構え」（資料4）を利用して説明するとよいでしょう。「後見業務についての注意事項と心構え」については，後に後見人による問題行為が発覚した際に，説明を聞いていないなどとなれば監督方法が問題視されるおそれもありますので，後見人が監督人から説明を受けたことの確認として，書面に署名押印してもらうようにしましょう。

　また，後見人と監督人とで管理・共有する必要のある情報は，情報管理票に整理します。

資料6：情報管理票

(ア)　就任直後の職務の説明

　　審判確定後，最初にすべき主な後見事務については，既に監督人就任通知の中で説明していますので，後見人が既に事務に着手している場合には，その進捗状況や処理方法について確認をします。後見人によっては，審判が確定した後でもなんら後見事務に着手していないこともありますので，その場合は改めて最初に行うべき後見事務について説明をし，後見登記事項証明申請書の作成を支援したり，金融機関への後見届出に同行したりするなどの支援が必要になります。

(イ)　就任中の職務の説明

　　後見人の職務内容について，本書では詳細には触れませんが，主に【図表3-2】の事項を中心に説明をします。

【図表3-2】後見人の職務内容

☐ **後見人の義務と責任**
　・善管注意義務
　・意思尊重義務・身上配慮義務，見守り義務
　・義務違反の効果としての解任，損害賠償責任

☐ **後見人の職務内容**
　・身上監護事務と財産管理事務の具体的内容
　・家庭裁判所への報告事務の具体的内容

□ 後見事務の方法
　・後見事務日誌への日々の後見事務の記録
　・財産の保管方法，不動産・預貯金の管理方法
　・収支の管理方法(通帳記帳，金銭出納帳への日々の収支の記録及び証憑類の保管)
　・財産処分の方法(居住用不動産の処分，利益相反行為の際の対応)
　・報告書類の作成方法
　・後見登記(変更登記)の申請方法
□ 成年後見人の権限
　・代理権の行使の方法
　・代理権の行使が制限される場合
□ 保佐人及び補助人の権限
　・審判書や登記事項証明書による権限の範囲の確認
　・代理権・同意権・取消権の行使の方法
　・代理権の行使が制限される場合
□ 後見人の職務に含まれない事項
　・医療行為の同意
　・身元保証・身元引受け
　・家事や介護などの事実行為
　・身体拘束への同意
　・居所指定
　・身分行為に関する代理権・同意権・取消権の行使
　・代理権の濫用と思われる財産行為
　・本人宛の信書の開封

(ウ) 後見人として注意が必要な事項
　「後見業務についての注意事項と心構え」を利用して，後見人として職務を行う上で注意が必要な点と心構えなどについて説明します。本人の預貯金を引き出して使い込んだり，流用したりするのが犯罪であることは明らかですが，そこまで至らなくても，後見人の財産行為として適正かどうかの判断が難しい場合があります。事前に説明をすることで，後見人が判断に迷う場合には監督人に相談することのできる体制を作っておくことが重要です。

第3章　法定後見監督人の職務

〈後見人からの相談について検討する際のポイント〉
　後見人の財産行為として適正かどうかの判断が難しいケースについて相談を受けた場合には，理由をきちんと説明した上で監督人の判断を伝えるようにします。必要に応じて，監督人の判断及びその理由を記載した書面を後見人に交付します。また，監督人としてその判断に達した理由を記録化し，家庭裁判所へ報告するようにします。
　　　　　　　　　　　　（以下，「資料4：後見業務についての注意事項と心構え」参照）

①親族に対する扶養

相談事例　本人に配偶者，未成熟の子がいる場合は，その生活費を本人の財産から支出してもよいですか。

ポイント　配偶者や未成熟の子に対する扶養は，同居・協力扶助義務（民752条），監護・教育義務（民820条）により，本人の財産から支出してよいものと考えられます。ただし，扶養能力や要扶養状態及び扶養の限度は厳格に判断すべきです。これに対し，配偶者・未成熟の子以外の親族については，扶養義務者が自己の地位相応の生活をして，なお余裕がある場合にだけ，要扶養者の最小限度の生活が成り立つ程度の援助をすれば足りる（生活扶助義務，『親族法相続法講義案』196頁）とされていることから，当然に支出できるものではありません。扶養料を支出する際には，要扶養者の経済的事情等を確認し，明確な根拠を示してもらった上で判断するようにしましょう。

②生計の同一回避

相談事例　本人が後見人やその親族と同居している場合は，本人の生活費の負担については，どのように考えればよいですか。

ポイント　本人が親族と同居している場合の食費や住居費（家賃，水道光熱費等）については，本人にかかった費用を領収書等により明確にすることは困難です。しかし，本人と親族との生活費は分離する必要があります。本人負担額の計算方法としては，家計簿をもとに1か月にかかる食費や住居費の合計額を同居家族の頭数で割って算出する方法などもありますが，いずれの場合でも，不当に流用されないように明確な根拠を示してもらう必要があります。

③冠婚葬祭等における祝儀・香典

相談事例　本人の財産から慶弔費を支出したいのですが，どの程度であれば支出が可能でしょうか。

ポイント　慶弔費の支出の可否及びその金額は，本人の財産額や相手方との関係により，その必要性と相当性を判断しますので，それを一律に定める規律はありません。社会的に相当で，社交儀礼の範囲内に入る金額であることが必要です。監督人が一度支出を認めれば，それが後見人の判断基準となってしまいますので，慎重に検討するようにしましょう。

④親族への贈与（1）

相談事例　後見開始前に本人が親族に土地をあげるという約束をしていました。後見人として，それを履行してもよいでしょうか。

ポイント　立法担当者によれば，過去の本人の自己決定が現時点でも存続していると判断できない場合は，自己決定より本人の利益が優先されることになります。よって，その約束を明らかにすることができない限りは履行することは難しいでしょう。仮に譲渡の約束をしていたとしても，現時点での本人の意思を確認できない以上，無償では本人の利益にはならないことから譲渡はできませんし，有償であったとしてもその必要性がなければ譲渡はできません。このような場合，相手方の親族から何度も履行の催促を受けることも考えられますので，民法550条の書面によらない贈与として，撤回の意思表示をすることも検討した方がよいと思われます。

⑤親族への贈与（2）

相談事例　後見が開始する前から，本人から孫へ少額の金銭を定期的に贈与していました。今後も同じように贈与をすることは認められるでしょうか。

ポイント　本人が判断能力を有する時期から継続的に贈与を行っていたことが明らかで，かつ，本人の将来の療養看護に十分な財産が存在するような場合であるなどの事情があれば，従前行われていた金額の範囲内でこれを継続することは，認められることがあります（別冊判タ36号80頁）。

⑥後見事務費の支出

相談事例　後見事務費として電話代を本人の財産から支出してもよいでしょうか。

ポイント　電話会社に請求すると，通話先，日時，通話料などが記載された通話履歴を出してもらえます。報告時にその写しを提出してもらい，後見事務として確認することができれば，支出して問題ないでしょう。

⑦後見人以外の親族からの見舞いの日当・旅費の支払請求

相談事例　親族から本人を見舞った際の旅費を出してほしいと言われましたが，本人の財産から支出してよいでしょうか。

ポイント　基本的に見舞いの際の旅費の支出は認めるべきではありません。ただし，例えば，本人が危篤状態で親族を呼び寄せる必要があるが親族にその旅費がない場合に，その一度に限り旅費の支出を認めることや，本人が旅費を払ってでも親族に見舞いに来てほしいと希望している場合に認めることなどがあります。なお，日当についても，原則として支出は認めるべきではありませんが，通常の見舞いの程度を超え，有償のサービス提供を受けたのと同程度の介護を受けているような場合には，支出を認めることもあります。

イ　監督人の職務の説明のポイント

監督人の職務について，【図表3－3】（成年後見監督人の場合），【図表3－4】（保佐監督人，補助監督人の場合）の事項を中心に説明をします。監督人が選任されている理由を説明した上で，監督人が選任されている場合とそうでない場合との違いを理解してもらう必要があります。

【図表3－3】成年後見監督人の職務一覧

- □ 後見人の事務を監督すること（民851条1号）
- □ 後見人が欠けた場合に，遅滞なくその選任の申立てをすること（民851条2号）
- □ 急迫の事情がある場合に，必要な処分をすること（民851条3号）
- □ 後見人と被後見人との利益が相反する行為について被後見人を代表すること（民851条4号）
- □ 後見人解任請求（民846条）

- □ 財産の調査及びその目録の作成への立会い(民853条2項)
- □ 後見人の被後見人に対する債権債務の申出の確認(民855条)
- □ 後見事務の報告若しくは財産目録の提出を求め，又は後見事務若しくは被後見人の財産の状況を調査すること(民863条1項)
- □ 被後見人の財産の管理その他後見の事務について必要な処分を求める申立てをすること(民863条2項)
- □ 後見人が被後見人に代わって営業又は民法13条1項各号の行為をする場合の同意(民864条)
- □ 後見終了の計算への立会い(民871条)
- □ 後見開始審判の取消しの申立て(民10条)
- □ 保佐開始審判の申立て(民11条)
- □ 補助開始審判の申立て(民15条)

【図表3-4】保佐監督人及び補助監督人の職務(成年後見監督人との相違点)

- □ 保佐監督人及び補助監督人の監督の範囲は，保佐人及び補助人の権限の範囲(同意権・代理権の範囲)に限られます。
- □ 利益相反行為において保佐監督人又は補助監督人は，被保佐人又は被補助人を代表し，又は被保佐人又は被補助人がこれをすることに同意します。
- □ 財産の調査及びその目録の作成への立会いについて，民法853条2項は保佐監督人及び補助監督人には準用されていないため，法律上義務付けられていませんが，保佐人又は補助人が適正に権限を行使しているかを監督し，また，急迫な事情がある場合に必要な処分を行うためには，保佐監督人又は補助監督人も財産内容を把握しておく必要があるので，成年後見監督人の場合と同様に財産目録を提出してもらいます。
- □ 債権債務の申出義務について，民法855条は保佐監督人及び補助監督人には準用されていないので，法律上義務付けられていませんが，保佐人又は補助人が適正に権限を行使しているかを監督するためには，成年後見監督人の場合と同様に債権債務について把握しておく必要があります。例えば，本人が有している債権について弁済を受けることは民法13条1項の元本の領収に該当し保佐人の同意を要する行為ですが，債務者が保佐人の場合には利益相反となり，監督人が保佐人に代わって同意を与える必要

があります。
□ 保佐人又は補助人の代理権・同意権又は取消権の行使が適正に行われているかを監督する必要があるため，成年後見監督人の場合と同様に定期報告を求めます。
□ 営業又は民法13条1項各号の行為をする場合にこれに同意を与えることは，民法864条が保佐監督人及び補助監督人には準用されていないことから職務としては含まれませんが，これに該当する行為を行う場合には，保佐人又は補助人から事前に相談を受けて，監督人として適切な助言を行います。

(3) 後見人と本人との間の債権債務の確認（民855条）

民法855条　後見人が，被後見人に対し，債権を有し，又は債務を負う場合において，後見監督人があるときは，財産の調査に着手する前に，これを後見監督人に申し出なければならない。
2項　後見人が，被後見人に対し債権を有することを知ってこれを申し出ないときは，その債権を失う。
民法856条　前三条の規定は，後見人が就職した後被後見人が包括財産を取得した場合について準用する。

ア　債権債務の申出の時期

　後見人が本人に対して，債権を有し又は債務を負う場合において，監督人があるときは，財産の調査に着手する前にこれを監督人に申し出なければなりません。財産の調査に着手する前とは，具体的には財産目録を作成する前をいいます。通常は申立時の財産目録に記載されていると思われますので，監督人は領収書などで，その内容を確認します。また，申立時の財産目録に記載されていない債権債務がないかについて，監督人就任通知をする際に改めて確認をします。

　申出義務のある債権債務は，本人の財産調査に着手する前に既に存在するものに限られますので，異時選任の場合には，後見人にこの申出義務はありません。また，財産調査着手後に後見人が立て替えて支払った本人に関する費用については，通常の立替金として精算します。

　なお，後見人就任後，本人が相続や包括遺贈等により財産を取得した時に，その包括財産の

中に本人に対する債権債務がある場合も，監督人があるときは，監督人に申し出なければなりません。

イ 債権債務の認定

　親族後見人の場合には，特に立替金に注意して債権の確認をします。後見開始以前に，親族後見人が本人の施設利用料や入院費を立て替えて支払っているケースが多く見受けられますが，親族後見人の多くは，後見が開始すれば当然に本人の財産から弁済してもらえるものだという思い込みから債権としての認識がないことが多いので注意が必要です。

　次に，後見人が債権を申し出た場合に，それを債権として認定するかどうかについて判断します。施設利用料や入院費のように，領収書等で支出が確認できるものについては問題ありませんが，領収書等で支出金額や内容の確認ができないものについては，それが債権として認定できるものかどうかについて検討します。例えば，面会交通費については，日誌や施設利用料の支払の領収書などで面会に行った事実が確認できる日であれば立替金として認めることができると思われます。

　一方，債務についても，後見人が債務とは認識していない場合がありますので，注意が必要です。例えば，本人は長期間施設に入所しているが，預貯金口座からの自動引落しにより後見人の自宅の光熱費等を本人が負担していたようなケースで，本人に負担させていたことが不相当であればその範囲で返還してもらう必要があり，その場合，後見人が本人に対して債務を負っていることになります。ただし，同じようなケースでも，必ずしも返還させる必要があるとは限りませんので，後見開始後からは本人に関する費用と峻別してもらうようにするなど，事案によって対応は様々です。また，その後見人が，今後行う後見事務に対して報酬を請求するのか否かによっても，考慮すべき事由が異なるといえます。

ウ 債権債務の確認

　債権債務が存在する場合，後見人が財産目録に記載するのはもちろんのこと，監督人自身も法律上義務付けられた監督事務として家庭裁判所に報告する必要があります。

　後見人との間で債権債務について確認したこと，申出がない場合にはその債権を失う旨の説明をしたことについて，書面にしておくようにしましょう。なお，債務を知って申し出なかった場合の特別の規定はなく，これをもって後見人を解任されることはありませんが，家庭裁判所の一般的監督権として民法846条の解任の事由とされる可能性はあります。

資料7：後見人の債権債務に関する確認書

第3章 法定後見監督人の職務

(4) 財産調査及び財産目録作成の立会い（民853条2項）

> 民法853条　後見人は，遅滞なく被後見人の財産の調査に着手し，一箇月以内に，その調査を終わり，かつ，その目録を作成しなければならない。ただし，この期間は，家庭裁判所において伸長することができる。
> 2項　財産の調査及びその目録の作成は，後見監督人があるときは，その立会いをもってしなければ，その効力を生じない。
> 民法856条　前三条の規定は，後見人が就職した後被後見人が包括財産を取得した場合について準用する。

ア　財産調査への立会い

　預貯金や株券その他の有価証券の調査については，場合によっては後見人とともに金融機関や証券会社に出向き，後見制度に関する届出をした上で，記帳又は残高証明書の請求若しくは取引照会により預貯金残高や株式等の取引内容の確認をします。後見人が就任後，最初に本人の貸金庫を開扉する場合には，必ず監督人が立ち会うようにします。また，本人の住居に立ち入って自宅内の財産を調査する際にも，監督人が立ち会うのが望ましいでしょう。

　不動産調査については，後見人が不動産の現況や管理状況などをきちんと把握している場合には，必ずしも監督人が現地に行って確認しなければならないということはなく，後見人からの聴取りや権利証，登記事項証明書，納税通知書などの資料により確認する方法もあります。ただし，後見人が管理状況を把握できていない場合には，不法占拠などで時効取得の問題が発生する可能性もありますので，現況を確認するようにアドバイスする必要があります。不動産が遠方に多数存在するような場合には，専門家に現地調査を依頼するのも1つの方法です。

　そのほか，申立前の財産管理者から財産の引継ぎを受ける際に立ち会う場合もあります。

　なお，後見人就任後，本人が相続や包括遺贈等により財産を取得した時は，後見人就任当初と同じように包括財産の調査を行い，1か月以内に財産目録を作成する義務があり，監督人があるときは監督人の立会いが必要になります。

〈金融機関への監督人の届出について〉
金融機関との取引で，次の行為をするには，監督人の同意が必要です。
□ 元本の利用（元本の利用に該当する行為の例については，【図表3-6】(90頁) を参照)
□ 借財・保証
監督人は，後見人が監督人の同意を得ることなく金融機関との取引を行うことがないように，監督人の届出をすることになります。ただし，この監督人の届出をもって，その金融機関との上記のような取引に関して包括的に同意したものと取り扱う金融機関もあるようですので，届出の際は，包括的に同意したものではないことを確認しておくことが必要です。

イ　財産目録作成への立会い

財産調査の後，申立てから就任までの間の財産変動，申立時に詳細が分からなかった財産内容及び就任後に判明した財産内容を反映させた新しい財産目録の作成を指示します。

財産調査の結果に基づき正確な財産目録が作成されているか，預貯金通帳や保険証券などの資料と照合して確認します。

このようにして後見開始時における本人の財産状態を正確に把握しておくことで，監督の過程において不正があった時に，後見開始時の財産状態と比較することによって財産の不自然な変動を発見することができるようになります。

Q 後見人が監督人の立会いを拒否している場合は，どのように対応したらよいでしょうか。

A 監督人の立会いがない場合，財産調査及び目録の作成は無効となり（民853条2項)，後見人に本条の義務違反があったことになります。まずは家庭裁判所に監督人の指示に従うよう指導してもらう方法が考えられますが，それでも後見人が従わない場合，民法846条により監督人は後見人の解任を請求することができます。当該義務違反は家庭裁判所が解任についての判断をする際の考慮事情になると思われます。

〈財産目録作成前の支出について〉
　財産目録作成前の財産行為については，急迫の必要がある場合にのみ認められますので，その点についてもあらかじめ後見人に説明をし，後見人が急迫の事由の判断を行うことが難しい場合には監督人が助言する必要があります。財産目録の作成前に後見人の権限が制限されているのは，本人の財産関係が明らかになる前に，新たな債務を負担するおそれがないようにするためであると考えられますので，日常的な支出で既に発生しているものについて支払をすることは基本的には問題ないと思われます。ただし，全ての財産が明らかにならなければ支出の必要性や相当性の判断が難しいものについては避けるべきです。
　なお，後見人就任後，本人が相続や包括遺贈等により財産を取得した場合も，同様に対応することになります。

(5) 課題解決の方法についての話合い

　申立時に課題となっている事項について，後見人の意向や今後の見通しについて確認をします。課題が，遺産分割の場合には分割方法や分割時期について，不動産の処分の場合には居住用不動産処分許可の申立ての要否や処分内容・処分時期について，保険金の受領の場合には受領金額や受領時期，受領後の管理方法などについて確認します。

(6) 裁判所への報告及び財産目録等の提出

　後見人から，財産目録及び収支予定表の提出を受け，家庭裁判所から指示された期間内に監督人が家庭裁判所に財産目録及び収支予定表等を提出します。
　監督人は，財産目録・収支予定表を精査した旨（監督人の立会い），後見人と本人との間の債権債務の有無，今後の後見監督事務方針などを記載した「監督事務報告書」を作成し，財産目録・収支予定表等と合わせて提出します。

【図表3-5】監督事務報告書作成のポイント

①後見人と本人との間の債権債務の有無について
　・申出のあった債権債務の内容
　・債権債務の認定の可否と返済方法に関する監督人の意見

②財産目録について
　・財産目録の精査基準
　・不動産の現況や管理状況の説明
　・預貯金について，多額の預貯金の払戻し，定期預貯金の解約や口座間の資金移動などがある場合の説明
　・金融機関に対する後見届出手続の有無
　・貴金属・絵画等の動産の価格の評価の根拠
　・債務がある場合の，弁済方法や弁済時期等について

③収支予定表について
　・収支予定表の精査基準
　・親族と同居している場合の本人の生活費算定の根拠に関する監督人の意見
　・扶養の要否及び扶養料算定の根拠に関する監督人の意見
　・後見事務費のうち，後見人の面会交通費算定の根拠に関する監督人の意見
　・収支の見通しに関する監督人の意見

④監督事務の方針について
　・課題解決に向けての方針
　・今後の監督事務の方法
　・監督を行う期間，期間経過後の対応(監督人の辞任，後見人の辞任及び専門職の選任)に関する監督人の意見

資料8：後見監督事務報告書（就任時）

記載例については，第5章の【書式例4】を参照

第4 監督人の就任中の職務

1　後見人の事務の監督

> 民法851条　後見監督人の職務は，次のとおりとする。
> 1号　後見人の事務を監督すること。

　監督人は，後見人が行う財産管理及び身上監護に関する全ての後見事務を監督します。財産を直接管理する後見事務よりも監督事務の方が楽だと思われがちですが，監督とはただ単に後見人が作成する財産目録等をチェックすれば足りるものではありませんし，家庭裁判所からの指示を待って監督を行えばよいというものでもありません。監督の方法や監督の時期を誤れば，後見人による不適切な財産行為等を見逃すことになり，それは，監督人としての善管注意義務違反となります。他人が行っている財産管理を離れたところから監督するということは，実はとても難しいことです。監督とは具体的にどのようなことをすればよいのか，財産管理面と身上監護面のそれぞれの監督のポイントを押さえて監督事務に臨みましょう。

(1)　財産管理面における監督のポイント

ア　日常的な収入・支出に対する監督

(ア)　年金，不動産収入

　　手続の不備により，年金等の支給が停止されていないかを確認します。国民年金・厚生年金以外の年金については現況届が必要な場合があり，手続をしていないと支給が停止されることがありますので気をつけましょう。

　　また，本人が賃貸物件を所有していて不動産収入が予定されている場合には，未収金がないかを確認し，回収できていない賃料がある場合には回収方法について，後見人と一緒に検討することも必要です。

(イ)　定期的な支出

　　家賃，地代，介護費用，税金など，払い忘れがないかを確認すると同時に，それが本人に関する費用かどうかを確認します。定期的な支出についてはできるだけ自動引落しや口座振込みを利用することで後見事務は省力化できますし，その分，監督事務も行い

やすくなります。通帳から自動引落しされる施設利用料や税金等以外の支出については，領収書の原本を確認して，その支出内容を確認します。

(ウ) 定期外の支出

収支予定表に記載されている項目以外の支出がないかを確認します。定期外の支出については，事前に監督人への相談があったかどうか，それがなかった場合には，その支出の必要性及び相当性について後見人に確認します。

定期外の支出が，本人に関する費用には該当せず，本人の財産から支出することが相当でないと判断した場合には，後見人から本人の財産に返還してもらう必要があります。

> **Q** 監督事務の中で，金銭出納帳の記載を確認したところ不自然な支出があったので，後見人に確認すると，親族が施設に入所中の本人と外出した際の親族の食事代が含まれていました。どのように対応すべきでしょうか。
>
> **A** 後見人に事情を聞き，特に親族の飲食代を認めた方がよい理由がないと判断した場合には返還してもらうようにしましょう。ただし，親族の関わりが本人のためになる場合や親族の支援がどうしても必要な場合は，本人の資産状況によってはこれらの支出を後見費用の一部として認めてもよい場合があります。

イ 預貯金の変動に対する監督

預貯金の変動についてのチェックポイントを以下に挙げます。

① 預貯金通帳，定期預貯金証書は必ず原本を確認するようにします。
② 預貯金残高の減少額が，収支予定表の収支差額の範囲を超えていないかを確認します。
③ 預貯金残高の増加については，保険金の受領や遺産の受領など，その原因を確認します。
④ 不動産が処分された場合，売却で得た金銭が本人名義の預貯金口座に入金され，その後，適正に管理されているかを確認します。
⑤ 解約された定期預貯金がないかどうか，ある場合にはその使い途について確認します。
⑥ 満期になった定期預貯金があれば，満期後の資金の流れを確認します。
⑦ 満期解約されている定期預貯金を見逃さないように，定期預貯金の満期日を確認し，その後，自動継続されているのか，普通預貯金に振り替えられているのかなどを確認し

第3章　法定後見監督人の職務

ます。
⑧　本人が受取人となっている満期保険金や生存給付金などは，本人名義の預貯金口座で受取りがなされている必要があります。もし，一旦親族が受領しているような場合には，その後，本人の預貯金口座に入金されているかを確認します。
⑨　預貯金口座からの出金と現金出納帳の内容とを照合します。

〈定期預貯金証書は必ず原本を確認しましょう〉
　定期預貯金を解約していたにもかかわらず，以前に作成していた定期預貯金証書の写しを繰り返し提出して報告をしていたことで，定期預貯金の解約の発覚が遅れてしまったケースがあります。家庭裁判所によっては，原本の提示をさせる，又は残高証明書を提出させるなどの運用を行っているところもあるようです。定期預貯金証書は必ず原本を確認し，原本の確認ができない場合は残高証明書を取得してもらうなどして確認しましょう。また，通帳に記載される定期預貯金であれば通帳記帳により内容が確認できますので，新たに定期預貯金とする場合にはなるべく通帳に記載されるタイプのものにするのも1つの方法です。

ウ　財産管理方法に対する監督
(ｱ)　分別管理

　後見人の財産と本人の財産とは分別して管理する必要があります。入出金が面倒だからなどの理由で，本人の預貯金口座から後見人名義の預貯金口座に資金移動をしていないか，本人の預貯金口座の名義を後見人の名義にしていないかについて確認しましょう。
　預貯金口座から一定額を引き出して現金を管理している場合には，本人の財産と分かるように封筒などに入れて別に管理させるようにします。

Q 〈後見人からの相談〉
分別管理をするに当たり，預貯金口座の名義はどうすべきですか。

A 　被後見人が甲野太郎，後見人が乙野次郎の場合，「甲野太郎」又は「甲野太郎成年後見人乙野次郎」とします。

(ｲ)　現金の管理

　預貯金口座から一定額を引き出して現金を管理している場合は，現金出納帳を作成する

必要があります。家賃を現金受領している場合や，還付金・祝い金・配当金の受領があった場合など，現金出納帳に適正に入金処理がなされているかを確認します。現金出納帳は不明・不正な支出の発見や，現金管理の適正を確認するのに非常に重要な役割を果たしますので，正しく作成するように指導し，監督の際には現金残高と現金出納帳の内容とを照合するようにしましょう。不必要に多額の現金を保管していないかについても注意が必要です。

> **Q** 〈後見人からの相談〉
> 現金で管理するのに適切な金額はいくらですか。
>
> **A** 一般的な規定はなく，本人の生活状況などにより異なります。現金で管理すれば財産の混同や流用の危険性が大きくなり，資金の流れも確認しにくいことから監督がしづらくなるため，必要な範囲にとどめるようにしましょう。現金払いの必要があるものが多いとその分，一時的とはいえ多くの現金を管理しなければならないことになりますので，なるべく口座振替を利用するなどの工夫をした方がよいでしょう。

(ウ) 預貯金の管理

預貯金の管理方法については次のことに注意します。

① 不必要な預替えは，資金の流れが複雑になり監督がしづらくなるため，行わないよう指導します。

② 残高の少ない口座，ほとんど使用されていない口座が多数ある場合には，口座を整理統合し，管理事務を合理化するよう指導します。

③ 多額の預貯金を普通預貯金口座で管理していないかを確認し，支出の予定のないものは定期預貯金にするよう指導します。

〈異時選任の場合の金融機関等への届出について〉
金融機関等へ後見制度に関する届出をした後に追加的に監督人が選任された場合，金融機関等は監督人選任の事実を了知し得ません。よって，異時選任において後見人が監督人選任の届出を速やかに行わない場合には，監督人は積極的に金融機関等に対して，監督人選任の事実を通知すべきです。

(エ)　各種財産（不動産，自動車，債権，貴金属等）の管理

各種財産については，次のことに気をつけて管理します。

① 不動産については，可能な限り現地確認を行い，現状維持のための管理・保全等が問題なくなされているか，税金や管理費等の費用の支払がされているかを確認します。

② 債権については，約定どおりの返済を受けているかを確認します。

Q 〈後見人からの相談〉
指輪を見つけたのですが，貸金庫などを借りて保管すべきでしょうか。

A 既に貸金庫を保有している場合には貸金庫内で保管すればよいですが，そのために新たに貸金庫を借りるのかどうかは事案によります。管理が難しい場合には換価するのも1つの方法です。

Q 〈後見人からの相談〉
本人名義の自動車がありますが，このまま管理しておくことに問題はありますか。

A 本人名義の自動車を親族が使用している場合には，使用者の名義に変更すべきです。本人名義のままにしておくと，本人が運行供用者責任を問われる可能性があります。名義の変更は，自動車の贈与又は売買となります。使用者の名義に変更する場合には，その価額賠償をどのようにするのかについて検討する必要がありますが，経過年数によっては価額賠償が必要ない場合もあります。なお，後見人の名義に変更する場合には利益相反行為となりますので注意が必要です。

〈後見人からの相談〉

Q 本人所有の不動産を処分する必要がありますが，本人名義の不動産が幾つかある場合には，どのような順番で処分すればよいでしょうか。

A 基本的に，どの不動産を処分するかは後見人が判断することができます。ただし，本人が不動産について特定遺贈する内容の遺言をしている場合もありますので，本人意思の尊重の観点からは，処分する不動産については慎重に判断する必要があります。もちろん，後見人がその判断をするに当たり，遺言の内容に拘束される必要はありませんが，本人の意思を確認しながら進めていくことが大切だと思われます。

(オ) その他の手続

　本人の収支の状況によっては，高額医療費・高額介護サービス費の支給や，入院時の食費や介護保健施設の食費の減額が受けられる可能性があることをアドバイスします。所得税などの還付がないかについても確認します。時効により還付請求ができなくなると，その損害を補填しなければならない可能性もありますので注意が必要です。

　また，障害者医療証や障害者手帳を保有している場合は，継続して医療費の助成や支援・サービスが受けられるように，その更新手続がなされているかを確認しましょう。

エ　後見事務費用の支出

　後見人が後見事務費用として本人の財産から支出しているものが，後見事務費用として適切かどうかを確認します。

Q 後見人から，本人の施設に面会に行くのにタクシーを利用し，その費用を本人の財産から支出したいと相談を受けました。どのように対応すべきでしょうか。

A 後見事務費として本人の財産から支出できるのは，基本的には公共交通機関の運賃です。タクシーの利用は緊急を要する場合など後見事務に必要と認められる場合に限られ，日常的な面会にタクシーを利用するには，地理的事情，他の移動手段の有無などを検討する必要があります。

> **Q** 本人所有の賃貸物件が多数あります。後見人から，これらの管理を不動産管理業者に委託したいと相談を受けた場合，どのように考えればよいですか。
>
> **A** 一括して不動産管理業者に委託することも，財産管理方法の1つとして考えられます。ただし，費用対効果の検討は必要です。これまでの管理方法，管理事務の程度なども考慮して検討しましょう。不動産の管理を業者に委託した場合，委託費用は後見事務費用として本人の財産から支出することができます。

(2) 身上監護面における監督のポイント

ア 後見事務日誌を通しての監督

報告対象期間に後見人が行った身上監護事務については，後見人が作成する後見事務日誌を確認することで，本人の健康状態やそれに応じた後見事務が行われているかを確認します。後見事務日誌には，本人の身体の状態や生活状況について記載してもらうようにしましょう。

イ 本人との面談による監督

専門家ではない親族後見人の身上監護における知識不足や経験不足を補って支援することは，専門職の監督人としての役割の一つです。監督人は定期的に本人と面談する必要まではありませんが，親族後見人の支援の観点からは，本人の心身の状態を直接，面談から知ることが必要な場合もあります。少なくとも，家庭裁判所への定期報告の際には，今後の事務方針を立てる前提として本人と面談をすることで直接本人の身体の状態や生活状況を確認する必要があると思われます。後見人の本人意思尊重義務及び身上配慮義務（民858条）は監督人には準用されていませんが，後見人の身上監護事務を監督する上でその観点は必要です。また，後見人が急迫な事情に対応できない場合に監督人として必要な処分を行わなければならない（民851条3号）こともありますので，必要に応じて本人と後見人との面談の際に監督人が同行し，本人の心身の状況や意向等を後見人とともに把握しておくべきでしょう。

ウ　個別ケースによる監督人の対応

(ア)　施設入所・入院の場合

　　後見人の意思尊重義務及び身上配慮義務の観点から，まずは，施設入所や入院が本人の希望にかなっているか，また，その入所先等は本人の希望に沿ったものであるかについて確認します。施設入所であれば施設の責任者や介護担当者，入院であれば担当医や担当看護師，ソーシャルワーカーなどから，後見人が本人の状態について聴取りをしているかを確認し，その情報については監督人とで共有します。後見人が急迫な事情に対応できない場合，監督人として必要な処分を行わなければならないため，監督人も施設や病院関係者とは，ある程度の関係性を構築しておく必要があります。

(イ)　在宅の場合

　　本人保護の観点から，在宅生活が可能な状態であるか，在宅介護サービスの利用は適切か，要介護認定申請の手続など，在宅介護サービスの利用に必要な手続がなされているかを確認します。後見人とケアマネジャーとのやり取りを確認し，その情報については監督人とで共有します。介護サービスを提供している事業所や担当のケアマネジャーについても把握しておくことが必要です。

Q　後見人から，もともと旅行好きだった母を旅行に連れて行きたいが，その費用を本人の財産から支出してよいかとの相談を受けました。どのように考えるべきでしょうか。

A　このように身上に配慮した後見事務を行う姿勢は非常に重要です。本人の財産状況にもよりますが，それが本人の生活の質（クオリティ・オブ・ライフ：QOL）の維持・向上につながるものであれば，支出を認めるべきでしょう。ただし，同行者の費用までも本人の財産から支出すべきかどうかは，慎重に判断する必要があります。

　収支に余裕がある場合に，本人のQOL向上のために積極的に財産が活用されているかどうかについて確認することは，監督の視点として重要です。将来相続人となる後見人と本人とは，本人の財産をどう使うのかという点において潜在的には利益相反の関係にあるということを念頭に置き，積極的に本人の財産を使うことが求められる状況にあっては，単に資産保全型管理をして将来相続人となる親族のために財産を遺すのではなく，本人の財産をどのように活用することが本人の最善の利益につながるのかを，後見人と一緒に考え，アドバイスすることも必要になるでしょう。

2　監督人の同意が必要となる法律行為

> 民法864条　後見人が，被後見人に代わって営業若しくは第13条第1項各号に掲げる行為をし，又は未成年被後見人がこれをすることに同意するには，後見監督人があるときは，その同意を得なければならない。ただし，同項第1号に掲げる元本の領収については，この限りでない。

(1)　監督人の同意を要する行為

　後見人が，本人に代わって【図表3-6】にある行為をするときは，監督人はこれに同意をするかどうかを判断する必要があります。本人の利害に大きな影響を与える行為について，後見人の判断のみに委ねるのではなく監督人の同意を要するとしたものです。

【図表3-6】成年後見監督人の同意を要する行為の一覧

①営　業
・後見人が本人を代理して営業を行うこと。

②元本の利用
・預貯金の払戻しは「元本の領収」に該当するため同意は不要です。
・新たにまとまった金銭を預貯金口座に預入れをすることは，「元本の利用」に該当するという考えもあります。実務では，金融機関から監督人の同意が必要だと指摘されたことはないようですが，まとまった金銭を預入れする場合は，事前に監督人に相談してもらうようにしておくのがよいでしょう。

> 　元本の利用とは「ある程度以上のまとまった金銭を投下して，利殖をすることであり，法的には，利付きの消費貸借ないし消費寄託（銀行に預貯金をすることもこれに当たる）の貸主・寄託者となることをはじめとして，貸付信託や金銭信託などをすること」（『新版注釈民法(1) 総則(1)』357頁（有斐閣，改訂版，2002）〔鈴木禄弥〕）とされています。

・預貯金口座を解約することは，「元本の利用」に該当するとの説もありますので，事前に監督人に相談してもらうようにしておくのがよいでしょう。
　なお，口座振替契約や貸金庫契約については同意が不要です。

③借財又は保証
- 本人名義で，金銭の借入れを行ったり，保証人になること。

> 時効の援用により消滅するはずの債務の一部を弁済してしまった場合，時効完成後の債務承認となり，借財に該当する可能性があります。

④不動産その他重要な財産に関する権利の得喪を目的とする行為
- 本人名義の不動産や自動車等の重要な財産について，売買契約や賃貸借契約等を締結すること。
- 施設と入所契約を締結すること。
- 抵当権の設定，消費寄託，土地賃貸借の合意解除をすること。

> その他，日常費用の支出以外の物品購入等についても該当の可能性があります。

⑤訴訟行為
- 本人を原告として，訴訟を提起すること。

> 相手方が提起した訴えについて訴訟行為をする場合は含まれません。

⑥贈与・和解・仲裁合意
- 本人の財産を贈与すること，和解や仲裁契約をすること。

> 贈与を受けることは含まれません。

⑦相続の承認・相続放棄・遺産分割
- 本人が相続人となったときに，相続の承認や放棄をすること，遺産分割の協議をすること。

> 後見人が相続人の1人である場合は，監督人が本人の代理人となり遺産分割協議を行うことになります。

⑧贈与の申込みの拒絶・遺贈の放棄，負担付贈与の申込みの承諾・負担付遺贈の承認
- 本人が贈与を受ける申込みを拒絶したり，遺贈を放棄すること（財産獲得の機会を失う行為）。

・負担付贈与の申込みを承諾したり，又は負担付遺贈を承認すること(義務を負担する行為)。

⑨新築・改築・増築・大修繕
・本人のために新築・改築・増築又は大修繕をするために，請負契約等を締結すること。

⑩民法602条に定める期間を超える賃貸借
ア　樹木の植栽又は伐採を目的とする山林の賃貸借(10年)
イ　ア以外の土地の賃貸借(5年)
ウ　建物の賃貸借(3年)
エ　動産の賃貸借(6か月)
・本人所有の土地については5年，建物については3年を超える期間の賃貸借契約を締結すること。

Q 民法13条3号の「重要な財産に関する権利の得喪を目的とする行為」には，どのようなものが該当しますか。

A 相当の対価を伴う有償の契約である限り，雇用契約（労働契約），委任契約，寄託契約等のほか，介護契約，施設入所契約などのような身上監護を目的とする役務提供契約も，これに含まれます。

なお，「重要な」財産であるかどうかは，一般社会の経済状態及び本人の行為当時における財産状態により判断されます。

> **Q** 本人には1億円近い財産があります。月々の利用料が約10万円程度の施設に入所することは、民法13条3号の「重要な財産に関する権利の得喪を目的とする行為」に該当するのでしょうか。
>
> **A** 重要な財産に関する権利の得喪を目的とする行為の「重要な財産」とは、金額の多寡のみが問題になるわけではありません。この場合、施設入所契約を締結することで、「居住権」を得ることになります。契約の相手方がどのような事業所で、契約内容がどのようなものであるかは、本人の生活の根幹に関わることであり、居住権の獲得は重要な財産の獲得であることから、民法13条3号の「重要な財産に関する権利の得喪を目的とする行為」に該当すると考えられます。よって、契約書には監督人として同意する旨の記載と監督人の署名押印が必要になります。
>
> また、監督人は急迫の事情がある場合に必要な処分を行わなければなりませんので、本人の身上監護に関する情報は、常に後見人と共有しておく必要があります。つまり、法律上民法13条3号の同意が必要な行為に該当しない場合であっても、それが本人の身上監護に関する事項である場合には、後見人から事前に相談を受けるようにしておくべきです。

(2) 同意をする際の注意点

同意をするに当たっては、まずは、当該行為が本人の利益を害するおそれがないかどうかを慎重に検討しなければいけません。同意を与える場合には、法律行為の事前に書面により行います。

民法13条1項の重要な財産行為に該当するかどうかの判断が微妙なケースもありますが、そういったケースこそ事前に監督人に相談してもらうことが重要であり、日頃からそのような関係性を構築しておく必要があります。後見人に悪意はなく、単なる認識不足から、重要な財産行為を監督人の同意なしに行う可能性もあるということを理解しておきましょう。

また、監督人として同意をしない場合であっても、適切な対応が必要です。監督人の同意については、同意に代わる許可の審判（民13条3項）の制度がなく、後見人が、監督人が何ら職務を行わないとして家庭裁判所に苦情を申し出るケースも見受けられます。同意をしない場合でも、監督人として「同意をしないという判断」をしたことと、その判断に達した理由を記録化し、家庭裁判所へ報告するようにします。また、同意をしない旨とその理由を記載した書面を

後見人に交付し，監督人としての職務を適正に行ったことを明確にしておくことも必要です。

資料9：同意書

(3) 監督人の同意を欠く法律行為の効力

後見人が，監督人の同意を要する行為を，その同意なしに行った場合，その行為は一応有効ですが，本人又は後見人が取り消すことができます（民865条）。監督人の同意を得ずになされた行為について，監督人には取消権がないため，後見人自身に取消しをさせる必要があります。後見人名義の取消通知書と契約に同意していない旨の監督人名義の通知書を作成して，相手方に提出するなどの方法が考えられます。

3　監督人による報告請求

> 民法863条1項　後見監督人又は家庭裁判所は，いつでも，後見人に対し後見の事務の報告若しくは財産の目録の提出を求め，又は後見の事務若しくは被後見人の財産の状況を調査することができる。

(1) 報告請求の趣旨，意義

監督人が選任されている場合でも，家庭裁判所は後見人を直接監督できる仕組みになっていますが，監督人が選任されている以上，家庭裁判所からの監督指示を待って監督を行うようでは監督人としての職務を果たしていないことは言うまでもありません。適正でない後見事務の早期発見のためには，少なくとも家庭裁判所よりも頻繁に後見事務の報告を受けるべきです。この監督のタイミングを誤れば，後見人による重要な財産行為を見逃すことにもなりますので注意しましょう。

〈監督のタイミングが重要〉

後見人による不正は，取得した損害賠償金や保険金，遺産，不動産の売却代金などの使込みに多く見受けられます。これは，多額の財産の受領や遺産分割，不動産の売却に監督人が同意するなどして関与した後に，それによって取得した財産の管理方法について適切に指導がなされていなかったことが原因の1つとして考えられます。多額の財産を取得した後は，適切なタイミングで監督を行い，財産の流れを確認した上で，例えば受領した損害賠償金や保険金をそのまま普通預貯金口座で管理することがないように指導すべきです。

(2) 定期報告の時期と提出書類

ア　報告請求のタイミング

　報告請求のタイミングは事案によってそれぞれですが，就任当初は頻繁に監督を行う必要があるでしょう。後見人が実際に財産管理を開始した後，その管理方法や使途を見ることで，その後見人の適性や能力，後見制度の理解の仕方を改めて確認することができるので，就任当初における監督は，その後の監督方針を決定する上でも非常に重要です。その後は，後見人の事務能力に応じて，3か月ごとや6か月ごとの報告を求めることになります。

イ　報告請求の方法

　後見事務報告書提出依頼書を送付し，必要な書類と提出期限を指示します。書類の準備ができたら監督人に連絡をしてもらうようにし，面談の日程を調整します。面談の際には，通帳や証書，領収書の原本を持参してもらい，原本との照合を行いましょう。

【図表3-7】提出書類一覧

```
□ 通帳及び預貯金証書の写し(ただし，原本の確認が必要)
□ 金銭出納帳の写し
□ 領収書の写し(ただし，原本の確認が必要)
□ 後見事務日誌の写し
```

〈通帳や領収書は必ず原本の確認を〉

　通帳の写しを改ざんしたり，領収書等が不正に作成されていたにもかかわらず，原本の確認を怠ったためにそれを看過してしまったケースがあります。原本を確認すれば，不正に気付くことができたような場合であれば，適正な監督事務を行っていないとして責任を問われることになりますので，定期報告の際には必ず通帳や領収書等の原本を確認するようにしましょう。

資料10：後見事務報告書提出依頼書

第3章 法定後見監督人の職務

4　家庭裁判所への定期報告・報酬付与の申立て

(1)　家庭裁判所への報告時期と報告事項

　監督人として専門職が選任されている場合，家庭裁判所が監督立件を行うことなく，監督人の自主的な報告により監督を行っている家庭裁判所が多いと思われます。そのような場合，就任から約1年を目処に，家庭裁判所に対して定期報告を行うようにしましょう。

　家庭裁判所に報告する際には，財産目録，収支予定表及び後見事務報告書を提出する必要がありますので（注），まずは後見事務報告書提出依頼書と一緒に，裁判所提出用の後見事務報告書，財産目録，収支予定表を後見人に送付し，書類を作成してもらいます。

　監督人が本人の財産，収支予定をある程度把握している場合には，あらかじめ，財産目録であれば金額以外の項目を，収支予定表であれば費目を記載し，後見人には金額のみを記入すれば完成するような形で提出を求めるなどの工夫をすれば，書類作成をスムーズに行うことができます。また，後見人がパソコンを使用する場合には，あらかじめ報告書や財産目録のデータを渡しておくとよいでしょう。

　財産目録や収支予定表は，後見人が作成し，監督人はその内容を精査するのが原則ですが，後見人の事務能力によっては，通帳，現金出納帳，領収書などの資料の提出を受けて，監督人がこれらの書類を作成する場合もあります。ただし，「後見人教育型」の事案及び「課題解決型」のうち課題解決後に監督人の辞任が予定されている事案については，監督人辞任後に後見人が財産目録や収支予定表を適正に作成できるように，一緒に作成するなどして指導すべきです。

　このようにして，後見人が作成した後見事務報告書，財産目録，収支予定表に，監督人が作成した後見監督事務報告書を合わせて家庭裁判所に提出します。

　（注）家庭裁判所によって，提出を求められる書類は異なります。

【図表3-8】監督事務報告書作成のポイント

①財産目録・収支予定表の精査，財産目録についての補足説明
・定期の解約，口座の整理統合，口座間の資金移動があった場合には，チェックがしやすいように補足説明をする。
・財産内容に変化があったものについては，その理由などを説明する。

②後見人の事務の執行状況について
- 身上監護面については，施設入所契約を行ったなど，主な身上監護業務の内容を記載する。
- 財産管理面については，遺産分割協議，不動産の処分など，主な財産処分行為の内容を記載する。

③後見監督人が行った後見監督事務の内容について
- 後見事務の監督の回数とその結果(監督人の意見)
- 後見人から相談を受けた事項及びそれに対する監督人の対応
- 利益相反行為の代表
- 民法864条の同意事項(又は同意を与えなかった事項)
- 急迫な事情がある場合の必要行為

④今後の後見監督事務の方針について
- 課題解決に向けての方針
- 今後の監督事務の方法
- 監督を行う期間，期間経過後の対応(監督人の辞任，後見人の辞任及び専門職の選任)に関する監督人の意見

資料11：後見事務報告書
資料12：後見監督事務報告書（定期報告）

(2) 報酬付与の申立て

　家庭裁判所は事案に応じて，監督人及び本人の資力その他の事情により，本人の財産の中から，相当な報酬を監督人に与えることができるとされています（民法852条で準用する民法862条）。その他の事情として考慮されるのは，監督人の遂行した監督事務の内容，監督人の職業（司法書士，弁護士，社会福祉士等の専門家の場合等。監督人が法人の場合には，その法人の事業の種類及び内容等），監督人と本人との関係（親族関係の有無等）であるとされています。

〈監督報酬の受領について〉
　監督人に対する報酬付与の審判書は，監督人にのみ通知され後見人にはされません。よって，監督人は後見人に報酬付与の審判書を提示して，後見人が管理している本人の財産から報酬を受領することになります。具体的には，審判書の写しとともに請求書を

第3章　法定後見監督人の職務

> 後見人に送付し，振り込んでもらいます。
> 　後見人が親族の場合は無報酬で後見事務を行っていることが多く，その場合，監督人に対する報酬の支払に抵抗を示す後見人も少なくありません。監督人報酬をなかなか支払ってもらえない場合には，家庭裁判所から後見人に連絡してもらう方法が考えられます。家庭裁判所によっては，監督人報酬を支払う旨の誓約書を後見人に提出させているところもあるようです。

資料13：後見監督人報酬付与申立書

(3) **監督事務のための費用**

　監督人が監督事務を行うために必要な費用は，本人の財産から支出することができますので，監督人が一旦立て替えて支出した費用を後見人に精算してもらいます。

> **Q** 監督人に対する報酬付与審判の申立費用を，後見監督事務費用として本人の財産から支出することはできますか。
>
> **A** 監督人に対する報酬付与審判の申立てにより利益を受けるのは，申立人である監督人であり，その費用の負担者は監督人自身です。後見監督事務費用として本人の財産から支出できるものではありません。同様に，後見人に対する報酬付与審判の申立費用も，後見人が負担すべきものであって本人の財産から支出することはできません。審判の際には，必ず費用負担者についての審判がなされることになっていますが，報酬付与の審判書には，通常，「手続費用は申立人の負担とする。」との審判事項が記載されています。

5　民法863条2項に基づく家庭裁判所への請求

> 民法863条2項　家庭裁判所は，後見監督人，被後見人若しくはその親族その他の利害関係人の請求により又は職権で，被後見人の財産の管理その他後見の事務について必要な処分を命ずることができる。

　後見人が監督人の指示に従わない場合に，財産管理に関しては，本人の財産の改修，改築等の事実行為，売却や賃貸等の処分行為，あるいは処分の禁止行為について，助言や指導，指示をするよう家庭裁判所に請求することができます。また，身上監護に関しても，療養看護の方法等についての助言や指導，指示をするよう家庭裁判所に請求することができます。なお，この請求は，家事事件手続法別表第一の14の項（保佐につき34の項，補助につき53の項）の審判事項であり，家庭裁判所は申立てに理由があると認めるときは，後見人に対し後見の事務について必要な処分を命じます。この審判は後見人に告知されて効力を生じ，不服申立てをすることはできません。監督処分を受けた後見人がこれに応じなかった場合は，解任の事由になることがあります。

> 〈後見人の事務監督処分に関する家事事件手続法の規定〉
> 家事事件手続法124条1項　家庭裁判所は，適当な者に，成年後見の事務若しくは成年被後見人の財産の状況を調査させ，又は臨時に財産の管理をさせることができる。
> 2項　家庭裁判所は，前項の規定により調査又は管理をした者に対し，成年被後見人の財産の中から，相当な報酬を与えることができる。
> 3項　家庭裁判所は，家庭裁判所調査官に第1項の規定による調査をさせることができる。
>
> 家事事件手続規則81条1項　家庭裁判所は，いつでも，成年後見人に対し，成年被後見人の療養看護及び財産の管理その他の成年後見の事務に関し相当と認める事項を指示することができる。
> 2項　家庭裁判所は，いつでも，成年後見監督人に対し，成年後見監督の事務に関し相当と認める事項を指示することができる。

資料14：後見事務に関する処分申立書

6　後見人が欠けた場合の選任請求

> 民法851条　後見監督人の職務は，次のとおりとする。
> 　2号　後見人が欠けた場合に，遅滞なくその選任を家庭裁判所に請求すること。

　後見人が死亡・解任等により欠けた場合には，監督人は家庭裁判所に後見人選任の申立てをする必要があります。後見人が辞任する場合には，後見人自身が家庭裁判所に後任者の選任の申立てをすることになります。

〈監督を継続することの是非〉
　後見人教育型で監督人が選任され，一定期間監督を行ったが，いくら教育をしても功を奏さないような場合に，本人死亡等により後見が終了するまで監督人による教育を継続することに意味はあるのでしょうか。親族後見人の流用等の不正行為はないが，監督人から見て後見人が単独で後見事務を行うことができないと判断した場合は，後見人を辞任させて後任者に専門職を選任するなどの対応も検討する必要があるでしょう。親族後見人に不正行為がある場合には，解任か辞任の勧告により対応することになります。

資料15：後見人選任申立書（欠員補充）

7　急迫の事情がある場合の必要行為

> 民法851条　後見監督人の職務は，次のとおりとする。
> 　3号　急迫の事情がある場合に，必要な処分をすること。

　本人のための事務で，緊急にそれを行わなければ本人に回復しがたい損失を与えることになるような事情があるにもかかわらず，後見人が病気や一時的に不在で後見事務を行うことができないときは，監督人は後見人に代わって本人の利益保護のために必要な権限を行使することができます。成年後見監督人は成年後見人が行う全ての事務を代わりにすることができ，保佐監督人・補助監督人は保佐人・補助人に付与された同意権・取消権及び代理権の範囲内の事務を代わりにすることができます。ただし，急迫な事情に該当しないときは，その行為は無権代理行為になるため，注意が必要です。また，監督人による当該権限の行使は，後見人の一時的な不在による臨時の対応ですので，後見人の病気や不在が長期にわたる場合には，辞任の勧告

や解任請求，追加選任を検討する必要があります。

> **Q** 急迫な事情がある場合とは，どのようなものが考えられますか。

> **A** 本人所有の家屋が倒壊しそうな状態で修繕などを行う必要がある場合や，待機施設に空きができて数日中に入所契約を行う必要がある場合に，後見人が所在不明や長期出張などで対応できない時には，急迫な事情があると考えられます。

> **Q** 倒壊しそうな家屋を修繕するために業者と請負契約を締結する必要があるのですが，後見人とでなければ契約は締結できないと言っています。どうしたらよいでしょうか。

> **A** 契約の相手方が，監督人に契約を締結する権限があるかどうかの判断をすることができなくて，契約の締結に応じてもらえないケースもあるようです。そのような場合，各家庭裁判所の運用にもよりますが，民法863条2項の後見事務の監督に関する処分の申立てを行い，家庭裁判所に「家屋修繕等の請負契約を締結する旨，及び，後見人に代わり監督人が財産管理を行い請負契約にかかる費用の支払をする旨」が記載された指示書を交付してもらい，相手方にこれを提示して契約する方法が考えられます。

8 利益相反行為の代表

> 民法851条　後見監督人の職務は，次のとおりとする。
> 　4号　後見人又はその代表する者と被後見人との利益が相反する行為について被後見人を代表すること。

　後見人と本人との間で利益が相反する場合は，後見人は家庭裁判所に対して特別代理人（保

佐の場合は臨時保佐人，補助の場合は臨時補助人）選任の申立てをし，その特別代理人等が本人を代表して当該利益相反行為を行いますが，監督人が選任されている場合は，監督人が本人を代表します。また，保佐及び補助においては，被保佐人又は被補助人が当該利益相反行為を行うことに，保佐監督人又は補助監督人が同意をします。監督人が代理又は同意をする際には，その必要性と相当性については監督人として十分に考慮しなければなりません。

〈利益相反行為の注意点〉

　利益相反行為においては，後見人が自己の利益のために本人にとって不利益な行為をするおそれがあることから，本人のために後見人とは別の代理人を立てる（監督人が選任されている場合は監督人が本人を代表する）こととしたものですが，利益相反行為に該当するかどうかは，結果的に本人に不利益になるか否かということではなく，当該行為自体を外形的・客観的に考察することにより判断します。

①利益相反行為の当事者

　・後見人と本人
　・後見人が法律上（例えば親権者，法人の代表者などとして）又は委任によって代表する者と本人
　・後見人を同じくする本人相互の間

②利益相反行為の内容

　・遺産分割の結果，後見人及び本人を含む相続人の相続分が法定相続による場合であっても，利益相反行為に該当します。
　・後見人と本人が共同相続人であって，本人のみに相続放棄をさせる場合は，利益相反行為となります。
　・後見人が自らの相続放棄とともに，本人の後見人として相続放棄することは，利益相反行為に該当しません。ただし，相続放棄をするには監督人の同意が必要です（民864条，13条1項6号）。
　・既に有効に成立している遺産分割協議に基づいて不動産の相続登記手続のみをなす場合は利益相反行為とはなりません。
　・後見人から本人への贈与（負担付贈与を除く。）のように，本人が後見人から単に利益を受けるだけのものは含まれません。
　・後見人が負担する債務について，本人に保証・連帯保証をさせ，あるいは本人所有

> の財産に担保権を設定する行為は，利益相反行為に該当します。
> ・本人名義で借入れをし，本人所有の財産に担保権を設定する行為，第三者の債務のために本人所有の財産に担保権を設定する行為は利益相反行為とはなりません。

> 〈事実上の利益相反行為について〉
> 　本人が入所している施設が後見人の親族の経営する事業所である，後見人の親族が経営する会社に後見人が後見に関する事務を委託しているなど，法律上の利益相反行為には該当しないものの，事実上は本人と後見人との利益が相反している可能性のあるケースが見受けられます。このような場合，監督人としては適切な対応がなされているかをより注意深く確認する必要があります。

9　後見人の解任請求

(1)　後見人の解任申立て

> 民法846条　後見人に不正な行為，著しい不行跡その他後見の任務に適しない事由があるときは，家庭裁判所は，後見監督人，被後見人若しくはその親族若しくは検察官の請求により又は職権で，これを解任することができる。

　家庭裁判所が行う監督処分の最終手段としては後見人の解任があり，監督人は，監督を行う過程で解任事由に該当すると思われる事実を発見した場合には，解任の申立てをすることができます。後見人の不正行為等を発見した際には，まずは家庭裁判所に報告をして今後の対応を協議します。場合によっては，家庭裁判所が後見人に対して辞任を勧告したり，職権による解任手続を開始することもあります。

　家庭裁判所は，後見人を解任する際に後見人の陳述を聴かなければならないとされ（家事法120条1項4号，130条1項6号，139条1項5号），理由があると認めるときは解任の審判をします。解任の審判には告知が必要であり（家事法74条1項），後見人は解任の審判に対して即時抗告をすることができます（家事法123条1項4号，132条1項6号，141条1項5号）。

　なお，後見人の解任審判が確定したときは裁判所書記官が登記の嘱託をするとされています（家事法116条1号）。

第3章　法定後見監督人の職務

〈解任事由に当たるとされた例〉
①不正な行為
・後見人が本人の財産を自己の財産と主張するような場合
・後見人が本人の財産を自己の債務の支払や生活費に費消している場合
・本人の収益を後見人の収益と混同している場合
・本人の財産に後見人のために担保権を設定した場合
・家庭裁判所の後見監督指示に従わない場合
・後見人が本人のために受領した金銭の一部が使途不明である場合
②後見人の任務に適しない事由
・年齢・人間関係
・財産目録の作成義務違反等
・財産管理の不適切のおそれ

資料16：後見人解任申立書

(2) 職務停止・職務代行者の選任申立て

家事事件手続法127条1項　家庭裁判所は，成年後見人の解任の審判事件が係属している場合において，成年被後見人の利益のため必要があるときは，成年後見人の解任の申立てをした者の申立てにより又は職権で，成年後見人の解任についての審判が効力を生ずるまでの間，成年後見人の職務の執行を停止し，又はその職務代行者を選任することができる。

2項　前項の規定による成年後見人の職務の執行を停止する審判は，職務の執行を停止される成年後見人，他の成年後見人又は同項の規定により選任した職務代行者に告知することによって，その効力を生ずる。

3項　家庭裁判所は，いつでも，第1項の規定により選任した職務代行者を改任することができる。

4項　家庭裁判所は，第1項の規定により選任し，又は前項の規定により改任した職務代行者に対し，成年被後見人の財産の中から，相当な報酬を与えることができる。

5項　前各項の規定は，成年後見監督人の解任の審判事件を本案とする保全処分について準用する。

後見人に多額の財産を横領・隠匿しているなどの不正行為があり本人の財産を保全する必要がある場合や，後見人が本人を虐待しているなどで本人が置かれた状況に危険があり保護する必要がある場合などには，後見人の解任審判の申立てと合わせて保全処分の申立てを行います。後見人解任の審判前の保全処分は，後見人に解任事由が存在する蓋然性があり，かつ，保全の必要性が認められる場合に発令されます。これにより後見人は権限の行使ができなくなり，職務代行者は後見人と同一の権限を有することになるため，例えば，これまで後見人が行っていた預貯金の引出しを停止させると同時に職務代行者が通帳等を管理することにより，本人の財産を保護することができます。なお，職務代行者は職権で登記がなされます（後見登記4条1項）。また，後見人の解任審判が確定すれば，これらの保全処分の効力は当然に消滅しますので，取消しの審判をする必要はありません。

　実務上，後見人の不正が疑われる事案では，専門職後見人を追加選任した上で，専門職後見人に財産の管理に関する事務を，また，従前の後見人に身上監護に関する事務のみを担当させるといった措置（複数選任・権限分掌）を講じることが多くあります（別冊判タ36号97頁）。

〈職務執行停止の審判の告知と効力発生時期について〉
　申立てを却下する審判以外の審判は，原則として審判を受ける者に告知することにより効力を生じます（家事法74条2項）が，職務執行停止の審判は，他の後見人又は職務代行者に告知することによっても効力を生じます（家事法127条2項）。これにより，後見人が審判書の受領を拒否しているような場合や行方不明である場合でも，他の後見人や職務代行者への告知により効力が発生するため，速やかに保全の目的を果たすことができます。

第5 監督人の就任中に生じる問題の解決

1 遺産分割協議（利益相反）

> 私が，後見人甲一郎の監督人に就任中，本人A子の夫・B雄が死亡して，相続が開始しました。相続人は，本人A子，長男の甲一郎，次男の乙次郎の3人です。
> 　亡B雄の相続財産としては，預貯金のほか，自宅（土地・建物），農地があります。
> 　このような状況で，長男である後見人甲一郎が，自宅と農地の相続を希望しています。監督人である私はどのように業務を行えばよいでしょうか。また，事務処理に当たり留意点などはありますか。

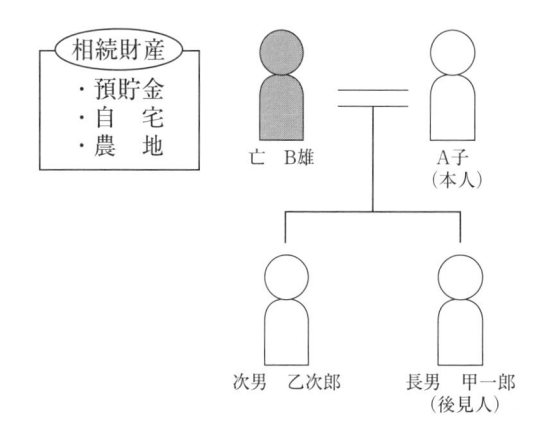

　本件では，本人A子と，後見人で長男の甲一郎が，遺産分割協議をする際の当事者ですので，利益相反に該当するものとして，監督人が，本人A子を代表して，遺産分割協議に臨むことになります（民851条4号）。

　監督人が，本人を代表して遺産分割に臨む際の留意点は，後見人の場合と同様です。つまり，原則，本人の法定相続分を確保した遺産分割となるようにしますが，本人の現在の流動資産額，在宅生活の可能性と自宅の確保の必要性，自宅を取得しない場合の代償金の確保など，全てを総合的に考慮して判断することになります。

　もし，話合いが調わない場合には，長男の甲一郎に，遺産分割調停を申し立ててもらい，調停の場で話合いをすることも考えられます。

〈監督人が遺産分割による取得金の入金確認を怠った事例〉
　利益相反につき，監督人が本人を代表して遺産分割協議を行った後，取得金が本人口座に入金されたところまで確認していなかったため，後見人が本人の取得金を自分の事業の運転資金に流用するという事案がありました。本件は，流用の事実を速やかに家庭裁判所に報告するとともに，後見人に流用金の返金をするよう指導したところ，すぐに返金がなされ，事なきを得ました。
　後見人の事務の監督について，監督人は，定期報告の時だけではなく，今回の遺産分割協議に基づく取得金のような臨時収入があるときは随時，監督を行い，後見人から通帳の提出を受けてきちんと確認する必要があります。

Q 本人が相続により不動産を取得しました。司法書士である監督人は，後見人からの依頼により，当該相続の登記業務を受託して本人の財産から報酬を得ることに問題はありますか。また，本人が所有不動産を売却したときに登記業務を行うことはできますか。

A 　監督人は，後見人を指導監督する立場にあります。専門職としての業務を後見人から受任すると，後見人が顧客の立場となるため，監督人による十分な指導監督を期待できなくなるおそれがあります。また，たとえ業務の報酬が適正な価格だとしても，第三者から見た場合に，後見人と監督人との間に何らかの利益供与があったと思われないとも限りません。
　したがって，司法書士業務として受託すること自体に違法性があるわけではありませんが，このような場合には，監督人以外の専門家に依頼し，監督人自身が業務を受任することは控えるべきだと思われます。

第3章　法定後見監督人の職務

2　不動産の売却

> 私が，監督人に就任していたところ，後見人が，不動産業者から勧誘を受け，耕作放棄地となっていた本人所有の畑を，私に相談なく売却していました。
> 後見人による無断の不動産売却につき，監督人である私が行うべき対応や，留意点を教えてください。

　後見人が，本人に代わって営業又は民法13条1項各号の行為をするとき（ただし，13条1項1号の元本の領収を除く。）は，監督人の同意が必要です（民864条）。

(1)　重要財産に該当するか

　本件の耕作放棄地の畑の売却は，民法13条3号の「重要な財産に関する権利の得喪を目的とする行為」に該当するかですが，重要かどうかは，本人の財産状況，一般社会の経済状況を考慮して決められることになります。当該畑が，本人の全体財産からみて価値が少ないと考えられる場合でも，不動産は，一般的社会の経済観念からして重要財産と考えられるため，本件では，後見人は売却に当たり，監督人の同意が必要だったといえます。

(2)　監督人の同意がない売買の効果

　監督人の同意のない売買は，一応有効ですが，あとから本人又は後見人が取り消すことができるとされています（民865条）。なお，監督人には取消権はありません。
　そこで，監督人は，後見人の売買を，追認するかしないかを検討することになります。この時には，売却の必要性，売却価額の妥当性等を考慮することになります。
　結果，追認しない場合には，監督人には取消権はないため，取消権者である本人又は後見人に取消しを促すことになります。なお，本人には，取消しを決定し，取消権を行使するだけの判断能力がない場合がほとんどだと思われますので，実際には，後見人に取消しを促すことになります。
　もし，後見人に取消しを促すも従わない場合には，監督人は家庭裁判所に対し，本人財産の処分行為につき指示をするよう請求し（民863条2項），裁判所の指示のもと後見人に取消しを促すなどの対応が必要になってきます。
　一方，後見人の売買を追認するかしないかを検討した結果，監督人が追認するとした場合には，取引の安全の観点から，事後的に同意書面を交付する方が望ましいと考えます。

(3) 後見人による無断の財産処分を防止するための対応

　本件は，後見人が，耕作放棄地をさほど価値のないものと思い，監督人への相談なく独断で売却した事例です。後見人が，監督人に普段から相談できる信頼関係にあれば，本件のような後見人による無断の財産処分を防止できたと思われます。今後このようなことのないように，そのような信頼関係を築いておくことが大切です。また，このような不適切な行為が続くと，後見人を辞任するよう勧告されたり，解任されることがあることを日頃から伝えておくことも，場合によっては必要と思われます。

3　急迫な事情がある場合の必要行為

【後見人が病気や一時不在の場合・後見人が債権の時効中断行為を行わない場合等】

> 　私が監督人に選任されて1年以上が経過したある日，本人が暮らす施設から電話がありました。昨日の台風の後，本人の自宅（空屋）に植えてあった巨木が倒れかかっていて，今にも隣家を直撃し，瓦や窓硝子を破損させるおそれがあるとのことでした。施設は，後見人に連絡を取ったが，数日間不在で，連絡が取れないとのことです。
> 　そのため，私は，本人の自宅に行って現場を確認したところ，確かに，巨木が隣家に倒れかかっていました。私からも後見人には連絡が取れません。この場合，監督人として，どのように対応したらよいでしょうか。

　監督人は，急迫な事情がある場合に，後見人の代理権の範囲内において必要な処分をすることができます（民851条3号）。急迫な事情とは，後見人が病気であったり，偶然遠隔地にいて事実上代理権を行使できない状況で，後見人のなすべき緊急の事務が存在する場合です。本件では，①後見人が不在で連絡不能状態である，②本人の回復しがたい損害（近隣からの損害賠償請求）が発生する可能性があるため，監督人が，後見人に代わり自ら処分をしなければならない急迫な事情があると考えられます。

　そこで，監督人は，植木屋に依頼し，隣家に倒れかかっている巨木を取り除く等の対応をとります。ただ，実務では，取引の相手方（本件では植木屋）が，後見人がいるのにもかかわらず監督人が契約の当事者になることの説明（後見人が行方不明のために，緊急的に監督人に一時的な代理権限があること）が難しいと思いますので，その対応として，民法863条2項の本人財産への応急処分請求を家庭裁判所に行い，監督人への指示書をもらって，取引の相手方に依頼を行うことも考えられます。

4　後見人が欠けた場合の選任請求

> 本人の父が後見人を務めており、私は、監督人です。本人は知的障害があり、施設に入所しています。
> 　私が、後見人に定期的な報告を求めようとしたところ、電話が不通となっていました。また、手紙を出すも応答がありませんでした。そこで、本人の施設に問い合わせたところ、1か月ほど前に父が死亡し、その後は、伯父が、亡父に代わり金銭管理を含め、本人の世話役を果たしていることが判明しました。
> 　後見人の死亡を知った私は、監督人として、どのように対応したらよいでしょうか。

　まず、本件の事例の反省点についてですが、監督人が、関係者である入所施設と連絡先の交換をしておけば、後見人が死亡した時に、監督人にも連絡があり、後見人亡き後に対応できたかと思われます。もっとも、監督人が施設と連絡先を交換していたのにもかかわらず、施設が連絡を忘れていた場合も考えられますので、監督人は関係者と面会する際には、自らの立場の説明や連絡先の交換のほか、後見人が死亡した場合や連絡が取れなくなった場合の対応について伝えておくことも重要です。

　続いて、後見人死亡を知った監督人の対応についてです。おおよそ以下のような流れで対応することになります。

① 家庭裁判所に後見人の死亡の事実を連絡する。
② 死亡の記載のある「死亡診断書」の写し又は、「戸籍（除籍）謄本」を取得する。
③ 事実上財産管理を行っている伯父と面談し、管理中の通帳原本を確認し、監督人の記録（財産目録・収支予定表等）と照合する。
④ 使途不明金等がないか、伯父が後任の後見人としてふさわしいか確認する。
⑤ 伯父に後見人就任の意思を確認する。
⑥ 伯父に就任の意思があれば、伯父を後見人候補者として後見人選任申立てをする。

　後任者の後見人選任申立ては、監督人の義務でもあります（民851条2号）。また、上記の対応の流れの中で、伯父が後見人としてふさわしくない（財産管理に問題がある）又は、後見人引受けを辞退する等の事情があれば、①別の親族の候補者を探す、②監督人は財産管理を担当する後見人として、伯父は身上監護を担当する後見人となり、複数後見人で事務を分掌する、③監督人が単独で、後見人になる等の方向性を検討して後見人選任の申立てを行います。もし、後任候補者がいない場合には、家庭裁判所に後任者を選任してもらうことになります。

なお，後任者が選任される前に，急迫な事情で本人を代理する必要が生じた場合には，監督人が本人を代理することができます（民851条3号）。

5　後見人に不正行為があった場合の対応

> 本人の息子が後見人を務めており，私が，監督人です。
> ある日，後見人から提出を受けた預貯金通帳を確認したところ，20万円の引出しがあり，その使途について後見人に尋ねると，後見人自身の生活費に使ったが，来月のボーナス月に返すつもりだったと弁明しています。
> 後見人の無断流用に対し，監督人である私は，どのように対応したらよいでしょうか。

後見人の無断流用を知った際の監督人の対応についてです。おおよそ以下のような流れで対応することになります。

① 後見人と面談し，無断流用の事情を尋ねる。
② 家庭裁判所へ無断流用の事実を報告し，監督人としての今後の対応，方針を示した上で，家庭裁判所の指示を仰ぐ。対応を検討する際には，流用額の大きさ，回復可能性，後見人の反省度，今後の流用の可能性を考慮する。

後見人が言うように，来月に20万円の返済がなされれば，本人の預貯金の損害は回復されたことになります。しかし，この後見人が，今後も後見業務を続けることが妥当かどうかの検討が必要です。家庭裁判所に対しては，後見人において不適切な行為があった旨，監督人がそれについて指導した旨を報告します。

その後，改善が見られればよいのですが，もし，依然として理由なく，後見人が本人の財産を後見人自身のために使っている状態が続くようであれば，監督人は，家庭裁判所へ本人財産への応急処分請求（民863条2項）として，本人財産の流用を禁止するよう指示をしてもらったり，後見人に対し，辞任を促したり，場合によっては，家庭裁判所に解任を請求する（民846条）ことが必要となってきます。

資料16：後見人解任申立書

後見人の解任請求を決断した場合には，解任審判を本案とする，審判前の保全処分の申立ても合わせて検討した方がよい場合もあります。保全処分の内容としては，後見人の職務執行停止，職務代行者の選任があります。なお，家事事件手続法では，この保全処分を，職権ででき

ることが明文化されましたが，監督人が選任されている場合には，通常，監督人が申立てを行います。

　また，財産管理を任せることは妥当ではないが，本人の世話（身上監護）を一生懸命している，又は息子を後見人から外した場合，本人への心理的影響が大きいと考えられる場合には，監督人が後見人へと移行し財産管理事務を，息子は引き続き後見人として身上監護事務を分掌する方法も考えられます。

第6 監督人の終了時の職務

1 本人死亡による終了（絶対的終了）

(1) 後見終了の登記

　後見人及び監督人は，本人の死亡を知ったときには終了の登記を申請しなければならないとされています（後見登記8条1項）。監督人は，後見人に対して終了登記申請の指示をするか，監督人自ら終了登記の申請をします。

(2) 家庭裁判所への本人死亡の報告

　後見人又は監督人は，本人が死亡した事実を速やかに家庭裁判所に報告する必要があります。これにより家庭裁判所は管理計算の期間の起算日及び，後見人が死後事務に着手したことを把握することになります。本人が死亡した旨と，今後の死後事務の予定や方針等を記載した書面に，戸籍謄本（又は，戸籍謄本がまだ取得できない場合には死亡診断書の写し）を添付して提出します。

資料17：後見監督事務報告書（死亡時報告）

(3) 後見事務終了時の管理計算の立会い

> 民法870条　後見人の任務が終了したときは，後見人又はその相続人は，2箇月以内にその管理の計算（以下「後見の計算」という。）をしなければならない。ただし，この期間は，家庭裁判所において伸長することができる。
>
> 民法871条　後見の計算は，後見監督人があるときは，その立会いをもってしなければならない。

　後見事務が終了したときは，通帳や金銭出納帳等を確認し，通常の定期報告と同じ要領で管理の計算を行います。管理計算終了後は，後見人が，監督人の立会いのもと管理計算を行った旨の管理計算報告書を作成し，相続人に送付します。

　なお，保佐人又は補助人に財産管理に関する代理権が付与されている場合には，保佐監督人，補助監督人にも管理計算の立会いの必要があります。

第3章　法定後見監督人の職務

〈相続人の確定〉
　本人死亡時の管理計算については相続人に報告しますので，管理計算を行うのと同時に相続人を確定する必要があります。後見人が相続人を把握していない場合には，戸籍等を請求して相続人を調査する必要がありますが，監督人自身は戸籍等の請求はできませんので，後見人に戸籍の請求方法などをアドバイスする必要があります。

【図表3-9】管理計算の報告の相手方

①絶対的終了の場合
・後見人について後見開始の審判が取り消されたときには，その被後見人であった者に対して報告を行う。
・被後見人が死亡し，又は失踪宣告を受けたときは，被後見人の相続人に対して報告を行う。
②相対的終了の場合
・後任の後見人に対して報告を行う。

資料18：管理計算終了報告書

(4)　家庭裁判所への管理計算終了の報告及び報酬付与審判の申立て

　管理計算が終了したら，前回報告時から管理計算終了時までの監督事務について報告します。また，管理計算の結果及び相続人への報告の有無，財産引継ぎの時期や方法など今後の後見監督事務の方針についても合わせて報告します。また，この報告と同時に監督人の報酬付与の審判の申立てを行います。相続財産の引継ぎが終わってしまうと報酬を請求する相手を特定するのが難しくなる場合もありますので，実務上は，引渡し前のこの段階で報酬付与審判の申立てをし，本人の財産（相続財産）から支払を受けるようにしています。

資料19：後見監督事務報告書（管理計算終了時）

(5)　相続人への財産の引渡し

　本人の財産から監督人報酬を受領したら，後見人は相続人等へ財産を引き渡します。後見人自身が相続人でかつ他の相続人とも容易に連絡を取ることができるような場合（例えば，相続人が子のみで子同士の関係も良好）であれば，後見人であった者が相続人代表者として引き続き

管理をすることとし，監督人としては，その旨を記載した代表相続人決定通知書に相続人全員が署名押印した書類を確認すればよいと思われます。後見人が相続人ではない場合や，後見人自身が相続人ではあるが他の相続人との交流がない又は相続人間で紛争があるような場合には，相続人全員に対し一斉に財産引渡日の通知をして呼び出した上で，出席した者全員の合意のもとに，財産受領書と引き替えに引渡しを行います。引渡日に出席できない相続人からはあらかじめ実印を押印した委任状と印鑑証明書を後見人宛に返送してもらうようにしておきます。このような場合には，監督人が引渡しの場に立ち会うか，遅滞なく後見人から引継報告を受けて財産受領書を確認するようにします。

> **Q** 相続財産の引渡しの際には，どのようなことに気をつけるべきでしょうか。
>
> **A** 相続人が複数いる場合には，原則として相続人の1人に財産を引き渡せばよいとされています。ただし，相続人間に争いがある場合に相続人の1人に引き渡してしまうと，相続人間の紛争に巻き込まれるおそれがあります。また，相続人が受領を拒絶する場合もあります。親族後見人がこのような場合に引渡しをしてよいかどうかの判断をするのは困難であるため，監督人としては，後見人であった者が無条件に相続人の1人に相続財産を引き渡さないように，また，財産を引き渡すことなく後見終了後に長期にわたって後見人が管理し続けるようなことがないように，引渡しの方法については工夫をする必要があります。引渡しについては上記の方法によるほか，相続人に遺産分割の調停や審判の申立てを促して，審判前の保全処分として相続財産管理人が選任されれば，その者に引き渡す方法なども考えられますが，いずれにしても，状況に応じて監督人が判断して指導すべきです。

　　　　　　　　　　　　　　　　　　　　　　　資料20：管理財産引継代表相続人決定通知書
　　　　　　　　　　　　　　　　　　　　　　　資料21：財産引渡日のご連絡
　　　　　　　　　　　　　　　　　　　　　　　資料22：委任状
　　　　　　　　　　　　　　　　　　　　　　　資料23：財産受領書

(6) 家庭裁判所への財産引継ぎ完了の報告

　後見人であった者が相続人代表者として引き続き管理を続ける場合には，その者が引き続き管理を続けることについての相続人全員の同意書を，相続人の1人に財産を引き渡した場合に

は財産受領書を添付して、家庭裁判所に引継ぎ完了の報告を行います。後見監督事務終了報告書には【図表3-10】記載の財産引継時の監督のポイントを参考に、引渡しの状況について記載します。

【図表3-10】財産引継時の監督のポイント

- ☐ 後見人であった者が引き続き管理をする場合
  - ・後見人であった者が引き続き管理を続けることについての相続人全員の同意の確認
- ☐ 相続人全員に引き渡した場合
  - ・引渡日時・場所、引渡しを受ける者の確認(監督人の立会い)
  - ・財産受領書による確認
- ☐ 相続人の1人に引き渡した場合
  - ・引渡日時・場所、引渡しを受ける者の確認(監督人の立会い)
  - ・引渡日に出席できない相続人の委任状(印鑑証明書)の確認
  - ・委任状の送付も連絡もなかった相続人については、引渡日に出席した相続人を代表として引き渡すことに異存がないものとする旨の連絡

資料24：後見監督事務終了報告書（財産引継完了時）

2 後見人の交替による終了（相対的終了）

後見が相対的に終了した場合にも管理計算が必要であり、監督人は絶対的終了の場合と同じ要領で管理計算に立ち会い、後任の後見人に対して監督人の立会いのもと管理計算を行った旨の報告をします。その後、後任の後見人に財産を引き継いだことを財産受領書により確認します。

3 監督人の辞任・解任について

(1) 監督人の辞任

監督人は，正当な理由があるときは，家庭裁判所の許可を得て辞任することができるとされています（民852条，844条準用）。

課題解決型や後見人教育型として監督人が選任された場合，課題解決後に一定期間監督を行った結果，親族後見人が単独で後見業務を行うことに支障はないと判断した場合には，辞任の時期について事前に家庭裁判所と協議をした上で監督人の辞任申立てを行います。「後見人について任務懈怠や不行跡などがなく，今後も適切な後見事務を遂行することが予想される」との理由が，この場合の監督人辞任の正当事由となります。

監督人が辞任する場合には，後見人の辞任の場合と異なり後任者の選任請求の必要はありませんが，監督人の選任が必要な事案であれば，家庭裁判所から後任者の推薦を求められるでしょう。また，事案によっては後見制度支援信託の利用を検討する余地もあると思われます。

後見人による不正行為はないが，後見人が単独で後見業務を行うのは困難と監督人が判断した事案においては，後見人を辞任させ，監督人が監督人を辞任した上で後見人として選任される場合もあります。

監督人の辞任許可の審判は，監督人に告知されることによって効力を生じ（家事法74条2項），審判に対する即時抗告は認められていません。

なお，監督人の辞任については，裁判所書記官が登記の嘱託をすることになっています（家事法116条1号）。

資料25：後見監督人辞任許可申立書

(2) 監督人の解任

家庭裁判所は，監督人に不正な行為，著しい不行跡，その他後見（監督）の任務に適しない事由がある場合には，申立て又は職権により監督人を解任できるとされています（民852条，846条準用）。

監督人は本人の財産を直接管理しているわけではありませんが，後見人に対する監督が不十分なために，後見人が行った行為が本人に損害を及ぼした場合などには，監督人を解任されることがあります。

家庭裁判所は，理由があると認めるときは解任の審判をします。解任審判は告知が必要であり（家事法74条1項），解任審判に対しては監督人が即時抗告することができます（家事法123条1

第3章　法定後見監督人の職務

項6号)。

　なお,監督人の解任審判が確定したときは裁判所書記官が登記の嘱託をするとされています(家事法116条1号)。

【図表3－11】監督人の解任・辞任の勧告に至った背景

①監督業務の知識不足が原因と思われる事案
・後見業務よりも監督業務が楽だという間違った認識がある。
・家庭裁判所からの監督指示を待って監督を行えばよいという間違った認識がある。
・親族後見人との距離感が分からず,監督人としての注意義務を果たせていない。

②後見業務そのものの知識不足と経験不足が原因と思われる事案
・監督人自身が,後見人としてやってはいけないこと,やらなければならないことを把握していないため,後見人を指導できない,又は指導すべきタイミングが分からない。
・監督人自身が,経験不足により,親族後見人や関係者の思惑に引きずられてしまい,適切な監督ができていない。

③その他
・親族後見人から不信感を持たれたり,監督人としての知識不足を見抜かれている。
・後見業務や監督業務の知識はあるが,監督のタイミングを誤り,後見人の問題行動を察知することができなかった。

〈後見人による不祥事の原因として考えられる事情〉

　日本弁護士連合会が,後見業務に携わった経験のある会員,各弁護士会の高齢者・障害者の権利に関する委員会等に所属している会員に対して,2011年6月6日から2011年7月31日までに,後見人の不祥事案件に関するアンケート調査を実施しました。その中で,不祥事が行われた原因がどこにあったと思うかという質問において,裁判所側の事情として挙げられたものに次のようなものがありました(具体的な内容については,筆者がアンケートをもとに掲載に必要な範囲で要約しました。)。

①選任時の調査不足
②選任時に問題が分かっていながら選任した。

③選任時の説明・指導不足
・説明を受けた者が説明の内容を理解したか否かではなく，説明をしたということだけで自らの職責を果たしたと考えている。
・後見業務の内容，財産管理方法，違反行為などについて，きちんとした説明がなされていない。

④監督の長期放置，不十分な監督
・後見人の報告書が添付資料等も含めて不十分なものであったが，書面での追完指示をする等にとどまり，その後の監督も十分に機能していなかったため，数年にわたり不正行為が続けられる結果となった。

⑤対応の遅れ，問題のある報告に対応しなかった。
・出費が多いことに気付きながら何度も改善勧告を繰り返しているだけで，その改善を図らせていなかったため，時間が経過してほとんどの財産がなくなってしまった。
・横領行為から長期間対応がなされず，解任までさらに長期間を要した結果，その間に損害が拡大した。

(日本弁護士連合会・後見人等の不祥事案件に関するアンケート調査結果のまとめ)

この後見人の不祥事案件に関するアンケートの中で，不祥事の原因を裁判所側の事情として挙げられたものについては，監督人が選任されている事案では，これらの事情が監督人にも該当すると考えられます。

第4章

任意後見監督人の職務

第4章 任意後見監督人の職務

第1 任意後見監督人の選任と任意後見監督の実務

1 任意後見監督人の選任について

　任意後見においては，監督人の選任が，任意後見契約の効力発生条件とされている（任意後見4条1項）ことから，監督人は必置の機関です。

　任意後見監督では，法定後見監督のように何らかの問題や課題があって監督人が選任されるというわけではありませんが，就任後，家庭裁判所において記録を閲覧したり，任意後見人や本人，関係者と面談していく中で，監督人自身が，問題や課題がないかを調査し，監督方針を検討していくことになります。

【任意後見監督のイメージ図】

```
┌─────────────┐
│   家庭裁判所   │
└──────┬──────┘
       ↓
┌─────────────┐
│    監督人     │
└──────┬──────┘
       ↓
┌─────────────┐
│   任意後見人   │
└──────╫──────┘
┌─────────────┐
│    本　人     │
└─────────────┘
```

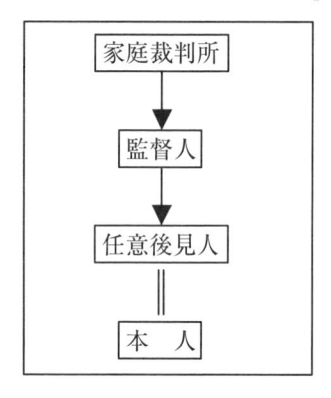

【法定後見監督のイメージ図】

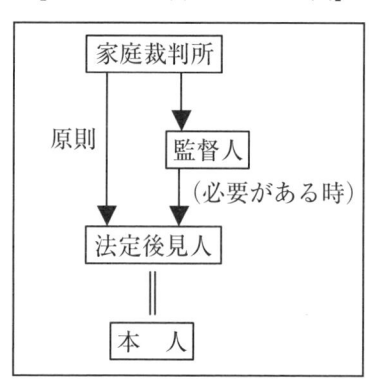

```
┌─────────────┐
│   家庭裁判所   │
└──┬───────┬──┘
 原則      ↓
        ┌─────┐
        │監督人│
        └──┬──┘
   ↓   （必要がある時）
┌─────────────┐
│   法定後見人   │
└──────╫──────┘
┌─────────────┐
│    本　人     │
└─────────────┘
```

　このイメージ図から分かる重要なことは，家庭裁判所からの「↓」の矢印が，法定後見制度では，後見人にも直接伸びているのに対し，任意後見制度では，監督人にしか伸びていない点です。つまり，任意後見制度では，家庭裁判所は，直接，任意後見人を監督しないため，任意後見監督人の心構えとしては，任意後見人への説明や監督による情報入手等をこまめに行うことが必要だと思われます。

第2 任意後見監督事務の全体の流れ

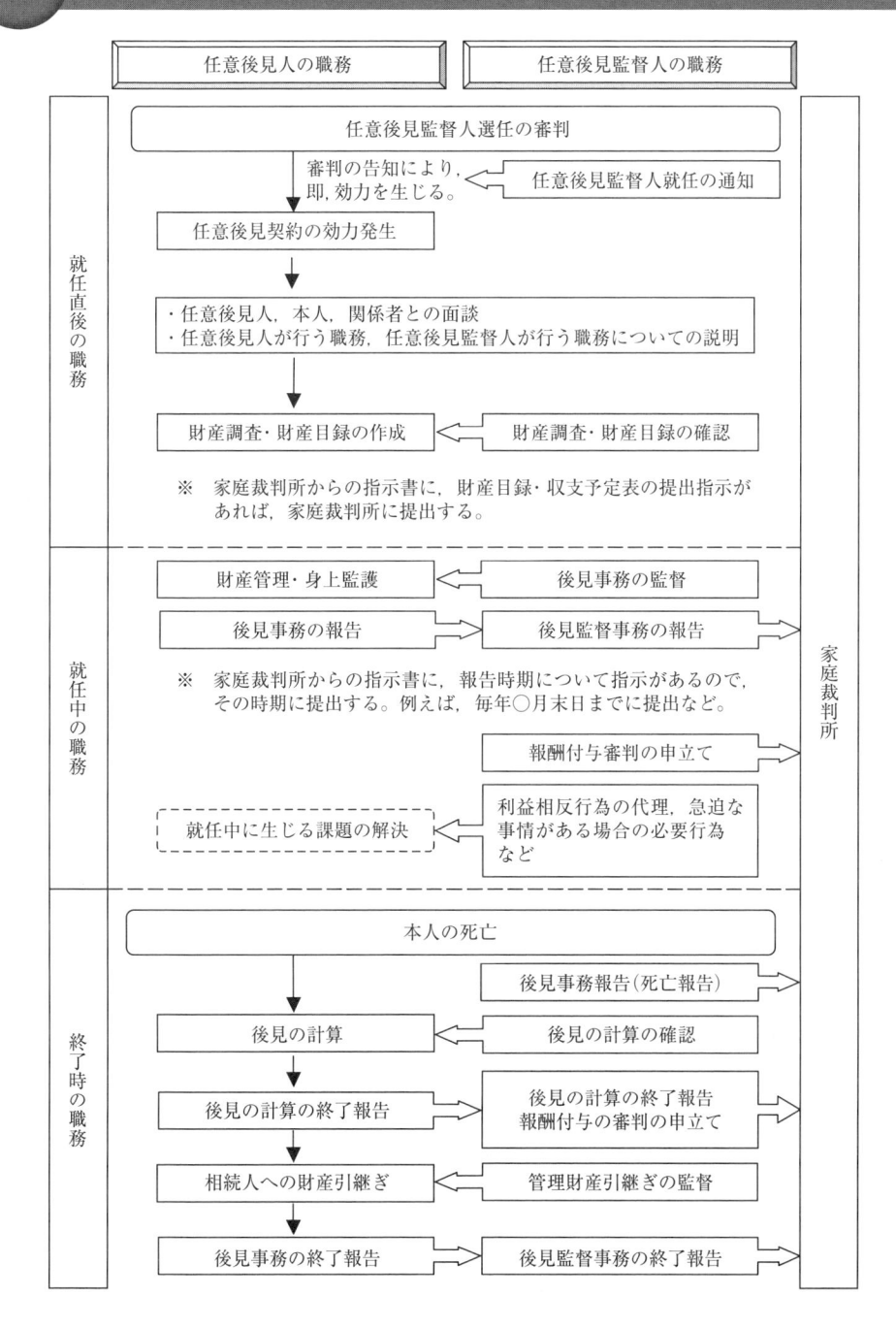

	任意後見人の職務	任意後見監督人の職務	
就任直後の職務	任意後見契約の効力発生 ← 審判の告知により，即，効力を生じる。 ・任意後見人，本人，関係者との面談 ・任意後見人が行う職務，任意後見監督人が行う職務についての説明 財産調査・財産目録の作成 ※ 家庭裁判所からの指示書に，財産目録・収支予定表の提出指示があれば，家庭裁判所に提出する。	任意後見監督人選任の審判 任意後見監督人就任の通知 財産調査・財産目録の確認	家庭裁判所
就任中の職務	財産管理・身上監護 後見事務の報告 ※ 家庭裁判所からの指示書に，報告時期について指示があるので，その時期に提出する。例えば，毎年○月末日までに提出など。 就任中に生じる課題の解決	後見事務の監督 後見監督事務の報告 報酬付与審判の申立て 利益相反行為の代理，急迫な事情がある場合の必要行為など	
終了時の職務	本人の死亡 後見の計算 後見の計算の終了報告 相続人への財産引継ぎ 後見事務の終了報告	後見事務報告（死亡報告） 後見の計算の確認 後見の計算の終了報告 報酬付与の審判の申立て 管理財産引継ぎの監督 後見監督事務の終了報告	

【参考】任意後見監督と法定後見監督の違い

	項目	任意後見監督人	法定後見監督人
職務	後見人の事務を監督	任意後見7条1項1号	民851条1号
	後見人が欠けた場合の後任者選任の請求	—	民851条2号
	急迫の事情があるときの必要な処分	任意後見7条1項3号	民851条3号
	利益相反の場合の代理	任意後見7条1項4号	民851条4号
	後見人の被後見人に対する債権債務の確認	—	民855条
	監督人から家裁への報告義務	任意後見7条1項2号	—
	監督人から後見人への報告請求	任意後見7条2項	民863条1項
	家裁から監督人への報告請求	任意後見7条3項	—
	家裁から後見人への報告請求	—	民863条1項
	家裁への本人財産に対する必要な処分の請求	—	民863条2項
	後見人の解任請求	任意後見8条	民846条
	財産目録の作成への立会い	—（※1）	民853条2項
	後見人の任務終了時の管理計算の立会い	—（※1）	民871条
	営業，重要財産の処分の同意	—（※2）	民864条
注意義務	善管注意義務	任意後見7条4項 民644条	民852条 644条
費用	監督事務のための費用	任意後見7条4項 民861条2項	民852条 861条2項
報酬	監督人の報酬	任意後見7条4項 民862条	民852条 862条
辞任	監督人の辞任	任意後見7条4項 民844	民852条 844条
解任	監督人の解任	任意後見7条4項 民846	民852条 846条

（※1）　任意後見人には，法律上，財産目録の作成，後見事務終了時の管理計算をする義務はありません（民853条，871条を準用していないため）。しかし，任意後見監督人は，監督権の行使（任意後見7条2項）として，財産目録の作成提出を求めたり，管理計算を行わせることは必要と考えられます。

（※2）　営業，重要財産の処分の同意（民864条）の準用はありません。ただし，契約書に「（任意後見監督人の）同意を要する特約目録」の規定があれば，任意後見監督人の同意が必要となります。

第3 任意後見監督人の就任直後の職務

1 審判書謄本受領

(1) 任意後見監督人の選任の審判

任意後見監督人選任の審判は、告知により即、効力を生じます（即時抗告をすることができる旨の規定が家事事件手続法にないため）。そのため、審判書の謄本を受け取った任意後見監督人は、速やかに、家庭裁判所において記録の閲覧謄写を行います。

また、任意後見監督人選任審判書の謄本とともに、指示書が同封されており、この中で、報告時期と内容について指示がなされています。

(2) 事件記録の閲覧、謄写

家庭裁判所での記録閲覧、謄写を行い、特に、任意後見契約書の内容を確認して、任意後見人の権限と義務を把握します。その他、任意後見監督人の同意を必要とする財産の処分（「同意を要する特約目録」）はないか、監督の頻度は何か月ごとになっているか等についても確認することが必要です。

任意後見監督人として任意後見契約書を確認する際のポイントは、主に以下のものが挙げられます。

【任意後見契約書の確認の際のポイント】

	項目	ポイント
1	管理すべき財産の範囲	全てか、一部か
2	代理権の範囲	財産管理、身上監護の全てか、一部か
3	同意を必要とする行為に関する事項はないか	同意権者は誰か、対象となる行為は何か（例えば、居住用不動産の処分や、一定金額以上の財産の処分など）
4	任意後見人の報酬	通常の事務処理を超えた場合の報酬の定め
5	監督人への定期的報告の頻度	例えば、3か月や6か月に1回など
6	ライフプラン、指示書の有無	任意後見契約書の付属書類として作成されているかどうか
7	遺言、死後事務委任契約の有無	任意後見契約書とは別に作成されているかどうか

(3) 任意後見人への就任通知

　必要書類や手順などが正確に伝わるように，基本的には文書による就任通知を行います。そして，必要書類の準備ができたら任意後見監督人に連絡してもらうようにし，そこで初回面談の日程調整を行います。

　任意後見人は，法律上の資格制限がなく誰でもなることができるため，任意後見人に，本人が信頼をよせている親族や知人が就任しているケースも少なくないと考えられます。このような親族や知人が任意後見人になる場合には，後見事務の内容についてよく理解していなかったり，事務手続について不慣れであることが多いと考えられます。

　最初の任意後見監督人就任の通知に，任意後見人が，速やかに返答して必要書類を準備できるかを見ることは，今後，この任意後見人にどの程度，後見事務内容の説明をしたり，通帳管理，金銭出納帳の記帳，領収書の整理等の事務手続の教示を行うかどうか見極める参考にもなります。

資料26：任意後見監督人就任通知

2　任意後見開始から財産目録の作成まで

(1) 任意後見人・本人との面談

ア　任意後見人との面談

　任意後見人に，親族や知人が就任しているケースでは，任意後見人が，事務手続や法律にうといことが少なくないため，任意後見監督人による丁寧な説明が必要になります。任意後見人は，これから長い期間，通帳管理，金銭管理簿の作成，報告書の作成等，専門家ではない親族等の任意後見人にとっては負担となることを続けることになります。そのため，任意後見人との初回面談時には，じっくり時間をとって話し合い，お互いの信頼関係を作ることを意識します。

イ　本人及び関係者との面談

　任意後見人に，財産管理のほか，身上監護に関する代理権も与えられている場合，任意後見監督人としては，本人の財産内容だけでなく，本人の身体の状態や生活状況も把握しておく必要があるため，任意後見監督人就任時には，本人とも面会をすることが望ましいでしょう。もし，本人が任意後見契約書以外に，ライフプランや指示書等を作成している場合には，その写しをもらい内容を確認しておきます。

また，任意後見監督人は，急迫の事情（例えば，任意後見人の不在，病気）がある場合には，任意後見人の代理権の範囲内において必要な処分を行う（任意後見7条1項3号）こともあり得るので，もし可能であれば，本人の関係者（例えば，本人が利用している施設）や，任意後見人の関係者（例えば，任意後見人の配偶者等の家族）とも面会して連絡先を交換しておくことも望ましいでしょう。

(2) 任意後見人への職務の説明

ア　任意後見人の職務の説明のポイント

　前述したように，任意後見人が今後適正で円滑な後見事務を行うことができるように，任意後見人の職務について説明して理解してもらう必要があります。特に，親族や知人が任意後見人に就任しているケースでは，任意後見人が，事務手続や法律にうといことが少なくないと思われるため，任意後見人としての責任や義務，事務処理の方法について時間をかけて説明する必要があります。後日，任意後見監督人から説明を受けていないという疑義を生じさせないように，重要な事項を説明した場合には，任意後見人に署名を求めておくことも一考だと思います。

　専門職が任意後見人の場合は報酬を受領することが前提なので，不明瞭な報酬の規定があれば，その意味内容を確認しておくことが必要と思われます。

〈定期報酬以外の日当や報酬の受領があった事例〉

　任意後見人の事務監督として，報告書や通帳の確認をしていたところ，任意後見人が，毎月の定額報酬のほか，別途に報酬を受領していました。この点，任意後見人に尋ねたところ，「市役所に提出する書類を作成し，平日に提出に行ったのだから」と返答しました。

　任意後見契約書を改めて確認したところ，定額報酬以外の別途報酬の規定はありませんでした。規定には，「後見事務処理が，不動産の売却処分，訴訟行為，その他通常の財産管理事務の範囲を超えた場合には，任意後見監督人と協議の上，別途の報酬を定める」旨があったのですが，任意後見人の言う，市役所の書類を作成して提出する仕事の内容は，通常の事務の範囲内と考えられたため，別途報酬の受領は認めず，本人への返金を求めました。

　このことを機に，任意後見監督人と任意後見人の関係に溝ができてしまうような事態もあります。こうならないためにも，報酬に関しては，最初の時に，任意後見契約書を示して，じっくり確認しておくようにしましょう。

第4章　任意後見監督人の職務

【就任時の確認事項】
 1　事務手続について

①	財産目録・収支予定表・報告書の作成方法
②	金銭出納帳の記載，領収書の保管
③	業務日誌の作成方法
④	任意後見監督人への定期的報告の頻度

 2　法律・制度について

①	管理すべき財産の範囲
②	代理権の範囲
③	任意後見監督人の同意を要する行為（任意後見契約書に記載がある場合）
④	任意後見人，任意後見監督人の報酬
⑤	任意後見人に取消権がないこと
⑥	「ライフプラン」や「指示書」の内容（ライフプラン等が作成されている場合）

(3)　後見人と本人との間の債権債務の確認
　法定後見において，後見人が被後見人に対して，債権を有し又は債務を負う場合において，監督人があるときは，財産の調査に着手する前に，これを監督人に申し出なければならず，その申出がないときには，後見人はその債権を失う旨の民法855条の規定は，任意後見には準用されていません。
　しかし，任意後見監督人は，本人と任意後見人との利益が相反する行為について本人を代理することになるので（任意後見7条1項4号），特に，親族や知人が任意後見人に就任している場合には，立替金や貸付金等がないかを確認することが必要です。

(4)　財産調査及び財産目録作成の立会い
　法定後見において，就任時，法定後見人等は，財産調査を行って財産目録を作成し，監督人があるときは，監督人の立会いを受けなければならない旨の民法853条の規定や，就任当初に収支予定表を作成すべき旨の民法861条の規定は，任意後見には準用されていません。任意後見人は，任意後見契約書に財産目録等の作成義務の定めがあれば，財産目録等を作成する必要があります。
　しかし，任意後見契約書に，財産目録等の作成義務が定められていなくても，任意後見監督

人は，任意後見人が職務を開始するときの財産状況や収支状況を把握する必要があるため，監督権の行使（任意後見7条2項）として，財産目録や収支予定表の作成と提出を求めることが必要です。また，財産目録の裏付資料となる預貯金通帳，不動産登記事項証明書，権利証，保険証券なども確認します。

なお，この財産目録や収支予定表の作成作業は，任意後見人が行うべきものですが，本人の親族や知人が任意後見人に就任している場合，その様式や作成方法などについて，任意後見監督人による積極的な助言や指導がないと，なかなか予期していた内容の書類が提出されないことも予測されますから，これらの点に関するアドバイスが必要です。

(5) 課題解決の方法についての話合い

任意後見監督人は，制度上，必置の機関であり，法定後見監督人のように，何らかの課題や問題があって，任意的に選任される機関ではありません。したがって，任意後見監督人に就任した場合であっても，解決すべき課題や問題がないこともあります。

しかし，法律専門家である司法書士や弁護士などが，本人の親族等が任意後見人である場合の任意後見監督人に選任されたときには，専門家としての視点からアドバイスや監督が求められていることもあります。また，監督業務を続ける中で，課題や問題が発生した場合（例えば，本人を相続人とする遺産分割，任意後見人による使途不明金の発生）には，その都度，課題解決の方法について，任意後見人と話し合うことが必要です。

なお，任意後見監督業務を十分に行うためには，任意後見人との信頼関係の構築も必要があるといえます。

〈任意後見では，本人を支援するのに限界があった事例〉

本人の姪が，任意後見人になっている案件で，任意後見監督人を務めていました。今まで，任意後見人が，本人の預貯金を管理して，施設利用費を支払ってきていたのですが，あと半年ほどで，預貯金が底をつきそうな経済状況となってきました。そこで，任意後見人から，施設利用費の捻出のため本人の不動産を売却してよいかの相談がありました。

本件では不動産売却の必要性は認められるものの，この任意後見人には，不動産売却に関しての代理権が与えられていませんでした。また，今から代理権を追加するため任意後見契約をやり直そうとしても，本人は認知症が進んで契約をできる意思能力はなさそうでした。

そこで，任意後見監督人である私は，施設利用費捻出のための不動産売却を目的として，任意後見から法定後見へ移行させるために，法定後見開始の審判の申立てを行うことを，任意後見人にアドバイスしました。

⑹ 裁判所への報告及び財産目録等の提出

　家庭裁判所は，任意後見監督人選任審判書の謄本の送付とあわせて，同封の指示書により初回の任意後見監督人からの報告を求めることが多いので，それに従い，任意後見人に財産目録，収支予定表等の作成を求め，任意後見監督人から家庭裁判所に報告を行います（家事規則117条1項において，家庭裁判所は，任意後見監督人に対し，報告時期と報告すべき内容を指示しなければならないとあります。）。

第4 任意後見監督人の就任中の職務

1 任意後見人の事務の監督

　任意後見監督人は，任意後見人の職務の執行を監督し（任意後見7条1項1号），その状況を定期的に家庭裁判所に報告する（任意後見7条1項2号）ことが主な職務ですが，その他，緊急かつ必要な場合には，自ら（任意後見人の代理の範囲内で）必要な処分を行うこと（任意後見7条1項3号）や，任意後見人と本人との間で利益相反が生じるような場合には，本人を代表すること（任意後見7条1項4号）等も職務とされています。

(1) 財産管理面における監督のポイント

　基本的に，法定後見監督の場合と同じように，任意後見人がどのような事務を行っているのかを，財産目録や収支予定表，財産管理や生活・健康状態についての報告書及びそれらの裏付けとなる資料の提出を求めて監督を行います。
　しかし，以下の点で法定後見監督の場合と違いがあるので，その違いに留意しながら監督を行っていきます。

　　　　　　　　　　　　　　　　　　　　　　　　　　資料10：後見事務報告書提出依頼書

ア 任意後見人の権限と義務，任意後見監督人の同意を要する法律行為

　任意後見人の職務は，任意後見契約に基づいて行われるので，契約書の内容を確認し，任意後見人の権限と義務，同意を要する法律行為，同意権者等について把握しておき，その範囲での監督を行っていきます。
　なお，重要な事項は，問題の発生を未然に防止し，適切な助言を与えられるように，普段から，任意後見人が任意後見監督人に相談できる関係が作れるように心掛けます。

イ 財産の管理方法について

　任意後見では，任意後見契約書とは別に，本人が「ライフプラン」や「指示書」を作成している場合があるので，それらの内容を確認し，その中で，財産の管理方法について定めがあれば，その管理方法に従って，任意後見人が財産管理を行っているかを監督していきます。
　例えば，法定後見の場合，財産を贈与することは，本人の財産を減少させることになるので，原則として認められませんが，任意後見の場合であれば，「指示書」に財産の贈与が指示して

あれば，その指示に従い財産の贈与を行うこともあり得ます。しかし，本人の財産状況によっては，本人の指示を実現できないこともあり得ます。

ウ　定期報告の時期について

任意後見契約書には，任意後見監督人への定期報告の頻度（3か月や6か月に1回など）の定めがある場合が多いので，それに合わせて任意後見監督人は，任意後見人に対して報告書の提出を求め，監督を行います。なお，任意後見監督人は，定期報告以外でも，必要があれば，随時，任意後見人に対して報告を求めることができます（任意後見7条2項）。

エ　報酬について

任意後見人の報酬については，任意後見契約書に定めがあるのが通常なので，報酬額，報酬受領方法について確認しておき，任意後見人による不適切な報酬の受領がないか監督していきます。

(2)　身上監護面における監督のポイント

任意後見契約書において，本人の生活，療養看護といった身上監護に関する法律行為の委任が代理権目録に記載されている場合には，身上監護に関する業務の監督も行うことになります。基本的に，法定後見の場合と同じように監督を行うのですが，任意後見では，本人が，任意後見契約書とは別に，「ライフプラン」や「指示書」を作成している場合があるので，それらの内容も確認し，その中で，身上監護の方針について定めがあれば，その方針に従って，任意後見人が身上監護を行っているかを監督していきます。

例えば，ライフプランに，「可能な限り在宅での生活を希望するが，一定の事情が発生した場合には，施設での生活に移行してもよい」旨の定めがあった場合には，任意後見監督人は，本人がまだ在宅での生活が可能であるのか否かや，任意後見人が在宅生活を維持するための環境づくりやサービスの手配を行っているのか否かなどを確認することが必要になってくるでしょう。

2　任意後見監督人の同意が必要となる法律行為

法定後見監督の場合の営業，重要財産の処分の同意（民864条）の規定は，任意後見監督には準用されていません。したがって，任意後見人が，重要財産の処分をしようとするときでも，

任意後見監督人の同意は不要ということになります。ただし，任意後見契約書に，任意後見人が重要な財産処分を行う場合には，任意後見監督人の同意を要する旨の定めがある場合には，その定めに従い，同意が必要となりますので，任意後見契約書をしっかり確認しておくことが必要です。

【参考】任意後見監督人の同意を要する旨の定めがある例

同意を要する特約目録

乙が以下の行為を行うには，個別に任意後見監督人（※）の書面による同意を要する。
1　居住用不動産の購入及び処分
2　不動産その他重要な財産の処分
3　弁護士に対する民事訴訟法第55条第2項の特別授権事項を含む訴訟行為の委任
4　復代理人の選任

※　同意権者が，監督人以外の第三者である場合もあります。

3　任意後見監督人による報告請求

(1)　報告請求の趣旨，意義

任意後見制度は，家庭裁判所が任意後見人を直接監督するのではなく，任意後見監督人を通じて間接的に任意後見人を監督する仕組みになっています。

そのため，任意後見監督人は，法定後見監督人の場合と比べて，より重要な意味を持っています。

(2)　定期報告の時期と提出書類

任意後見契約書を見ると，「○か月ごとに書面で報告する」など規定されていますので，その頻度に従って，任意後見監督人は，任意後見人に対して定期的に報告を求めます。なお，法律上は，「任意後見監督人は，いつでも，任意後見人に対し任意後見人の事務の報告を求め，又は任意後見人の事務若しくは本人の財産の状況を調査することができる」（任意後見7条2項）ことになっていますので，任意後見監督人は，定期報告以外にも，適宜必要に応じて，任意後見人に報告を求めることもできます。

任意後見契約書には，報告事項や書式まで詳しく指定されている場合は，ほぼありませんの

第4章　任意後見監督人の職務

で，任意後見監督人は，就任後，任意後見人と協議して，報告事項や報告様式を協議する必要があります。具体的な報告事項や提出書類は，法定後見監督の場合と同じように，財産目録や収支予定表，本人の生活・健康状態や財産管理などに関する報告書，これらの裏付けとなる通帳，金銭出納帳，領収書，業務日誌等になります。

【参考】任意後見契約書の基本文例

> 第○条（報告）
>   1　乙は，任意後見監督人に対し，3か月ごとに，本件後見事務に関する次の事項について書面で報告する。
>   ①　乙の管理する甲の財産の管理状況
>   ②　甲を代理して取得した財産の内容，取得の時期・理由・相手方及び甲を代理して処分した財産の内容，処分の時期・理由・相手方
>   ③　甲を代理して受領した金銭及び支払った金銭の状況
>   ④　甲の身上監護につき行った措置
>   ⑤　費用の支出及び支出した時期・理由・相手方
>   ⑥　報酬の収受
>   2　乙は，任意後見監督人の請求があるときは，いつでも速やかにその求められた事項につき報告する。

4　家庭裁判所への定期報告・報酬付与の申立て等

(1) 家庭裁判所への報告時期と報告事項

　任意後見制度は，家庭裁判所が任意後見人を直接監督することができないため，「家庭裁判所は，必要があると認めるときは，任意後見監督人に対し，任意後見人の事務に関する報告を求め，任意後見人の事務若しくは本人の財産の状況の調査を命じ，その他任意後見監督人の職務について必要な処分を命ずることができる」（任意後見7条3項）として，任意後見監督人を通じて間接的に，任意後見人を監督する仕組みになっています。

　また，家事事件手続規則117条1項では，「家庭裁判所は，任意後見監督人に対し，任意後見契約法7条第1項第2号に規定する報告の時期及びその内容を指示しなければならない。」と規定されており，実務では，任意後見監督人選任審判書謄本とともに，任意後見の事務の報告時期・報告内容についての指示書が送付されてきます。

　任意後見監督人は，上記の家庭裁判所からの報告の指示に従い，定期的に報告を行うことに

なりますが，この指示に従わず報告が行われない場合には，家庭裁判所から監督処分を受ける（報告書の提出を求められる）ことになりますので注意が必要です。

(2) 報酬付与の申立て

家庭裁判所は事案に応じて，本人及び任意後見監督人の資力その他の事情により，本人の財産の中から，相当な報酬を任意後見監督人に与えることができるとされています（任意後見7条4項が，民862条（後見人の報酬）を準用）。

その他の事情として考慮されるのは，任意後見監督人の遂行した監督事務の内容，任意後見監督人の職業，任意後見監督人と本人との関係（親族関係の有無等）であるとされています。

(3) 監督事務のための費用

任意後見監督人が監督事務を行うために必要な費用は，本人の財産から支出することができますので，任意後見監督人が一旦立て替えて支出した費用を任意後見人に精算してもらいます（任意後見7条4項が，民861条2項（後見事務の費用）を準用）。

第4章　任意後見監督人の職務

第5　任意後見監督人の就任中に生じる問題の解決

1　遺産分割協議（利益相反）

　任意後見契約に関する法律7条1項4号において，民法851条4号（成年被後見人と成年後見人との間の利益相反の場合の成年後見監督人による代表）と同様の規定を定めているため，本人と任意後見人との利益が相反する場合には，任意後見監督人が本人に代わって遺産分割を行います。
　なお，任意後見では，任意後見契約書とは別に定める「ライフプラン」や「指示書」において，財産管理の方針として，遺産の相続を望まないことが定められている場合もあり得ますので，その場合には，その方針に従った遺産分割を行うことになります。

2　不動産の売却（非居住用・居住用）

　任意後見については，民法864条（成年後見監督人の同意を要する行為）や民法859条の3（居住用不動産の処分についての許可）は準用されていません。また，任意後見契約に関する法律中には，これらに類する規定はありません。
　しかし，任意後見契約書の「同意を要する特約目録」中に，不動産売却など重要な財産の処分行為を行う場合には，任意後見監督人の同意を必要とする規定があれば，任意後見監督人の同意が必要になります。仮に，このような同意に関する規定がない場合でも，重要な法律行為については，任意後見人が独断で相応しくない行為を行うことを避けるために，任意後見人が事前に任意後見監督人に相談するような関係作りを心掛けることが大切です。

3　家庭裁判所への本人財産に対する必要な処分の請求

　任意後見については，民法863条2項（家庭裁判所への本人財産に対する必要な処分の請求）は準用されていません。また，任意後見契約に関する法律中には，これらに類する規定はありません。

4　急迫な事情がある場合の必要行為

　任意後見人が病気や一時不在の場合や，任意後見人が債権の消滅時効の中断行為を行わない場合等について，任意後見契約に関する法律7条1項3号は，民法851条3号（急迫の事情があるときの必要な処分）と同様の規定を定めています。

5　任意後見人が欠けた場合

　任意後見人が，死亡した場合，破産手続開始決定を受けた場合，又は後見開始の審判を受けた場合には，任意後見契約は終了します（民653条）。また，任意後見人が解任された場合（任意後見8条），任意後見契約が解除された場合（任意後見9条）にも，任意後見契約は終了します。
　任意後見契約が終了した場合において，判断能力の低下した本人の保護がなお必要であるときは，法定後見開始の審判の申立てが必要となるのですが，任意後見人が死亡して契約が終了した場合には，終了と同時に，任意後見監督人の職務権限もなくなるため，任意後見監督人が本人について法定後見開始の審判の申立てをすることはできないと考えられています。この場合，法定後見開始の審判は，家庭裁判所が職権で行うことができませんから，任意後見監督人は，本人の配偶者，四親等内の親族など申立権のある人に法定後見開始の審判の申立てをするよう促すことになります。
　一方，任意後見人が解任された場合，破産，後見開始の審判を受けた場合には，即時抗告期間があるため，その期間中は，任意後見監督人の地位が維持されているので，任意後見監督人が本人について法定後見開始の審判の申立てをすることが可能です。また，任意後見契約の解除の場合には，任意後見人からの事前相談があれば，解除の前に，任意後見監督人から法定後見開始の審判の申立てが可能です。

〈任意後見人が急死して任意後見契約が終了してしまった事例〉
　任意後見監督人を務めていて半年ほど経った頃，本人が入所している施設から「息子さん（任意後見人）が亡くなられました。」と連絡が入りました。先月に，任意後見人である息子から，任意後見事務の監督として，通帳などの管理状況をチェックさせてもらったばかりでした。
　私は，法定後見監督人に複数件就任していた経験と知識から，任意後見監督人も後任者選任を行えるものだと思い，本人の親族に連絡を取った上で，法定後見開始の審判の

申立準備を進めていました。しかし途中になって，任意後見監督の場合には，任意後見人の死亡により任意後見契約が終了しているため，任意後見監督人から後任者選任のための法定後見開始の審判の申立てができないことに気がつきました。

　本件では，私が親族の連絡先を知っていて，本人とその親族との関係が良好だったため，その親族に，法定後見開始の審判の申立人になってもらえたのですが，もし，私が親族の連絡先を確認できなかったり，本人の親族に申立てに協力してもらえなかったら，市町村長による後見開始の審判の申立てを要請していくことになったかと思います。

6　任意後見人に不正行為があった場合の対応

　任意後見人による私的流用など不正行為が発覚した場合には，任意後見監督人は，まずその是正を求めることになります。もし任意後見人が流用したお金を返還しない場合には，任意後見人と本人の利益が相反するので，任意後見監督人が本人を代表して返還請求を行います（任意後見7条1項4号）。

　また，不正を働いた任意後見人に，その後も財産管理を委ねることが相当でない場合には，任意後見人の解任請求を行います（任意後見8条）。

　任意後見人が解任された場合には，任意後見契約は終了することになるので，判断能力の低下した本人の保護が必要であれば，法定後見開始の審判の申立ても必要になります。

第6 任意後見の終了時の職務

1 任意後見契約の終了

(1) 任意後見終了の登記

　任意後見終了による，任意後見人の代理権消滅は，終了の登記をしなければ，善意の第三者に対抗することができないため（任意後見11条），その登記申請を怠ると，本人に不利益をもたらすおそれもあるので，注意が必要です。なお，当事者でなくても，本人の親族など代理権が消滅したことの登記をすることにつき利害関係のある者は，裁判所書記官の嘱託により登記される場合を除き，任意後見終了の登記を申請することができます（後見登記8条3項）。

　この終了の登記については，終了が家庭裁判所の審判を原因とする場合には，裁判所書記官の嘱託により終了の登記がされ，それ以外の原因により終了した場合には，当事者からの登記申請が必要になります。具体的には，以下のとおりです。

①裁判所書記官の嘱託により終了の登記がされる場合
　ア　任意後見人の解任の審判が確定したとき
　イ　法定後見開始の審判が確定して，任意後見契約が終了したとき
②当事者からの登記申請が必要な場合
　ア　本人が死亡又は破産したとき
　イ　任意後見人が死亡若しくは破産したとき又は後見開始の審判を受けたとき
　ウ　任意後見契約を解除したとき

(2) 任意後見人から任意後見監督人への任意後見終了の報告

　任意後見監督人は，任意後見人に対し，前回報告時から任意後見終了時までの事務内容について報告を求めます。任意後見人には，法律上，後見事務終了時の管理の計算をする義務はありませんが（民870条，871条を準用していないため），任意後見監督人は，監督権の行使（任意後見7条2項）として，管理の計算を行わせることができます。

　なお，任意後見契約の終了原因が，任意後見人の死亡，任意後見人が後見開始の審判を受けた場合など，任意後見人において管理の計算ができない場合には，急迫な事情があるときの応急処分義務として，任意後見監督人が，管理の計算を行うことも考えられます（任意後見7条1項3号）。

(3) 家庭裁判所への任意後見終了の報告及び報酬付与審判の申立て

　任意後見監督人から家庭裁判所に対して前回報告時から任意後見の終了時までの任意後見の監督事務について報告します。また，管理計算の結果，財産引継ぎの時期や方法など今後の清算事務の方針についても，あわせて報告します。また，この報告と同時に任意後見監督人の報酬付与の審判の申立てを行います。本人の財産の引継ぎが終わってしまうと報酬を請求する相手を特定するのが難しくなる場合もありますので，実務上は，引渡し前のこの段階で報酬付与の審判の申立てをしています。

(4) 本人又は相続人などへの財産の引渡し

　任意後見人は，任意後見契約終了後の財産を，本人が生存している場合には，本人又は本人の法定代理人に，本人が死亡している場合には，本人の相続人又は遺言執行者に引き渡します。

　遺言書があり，かつ，遺言執行者の定めがない場合には，遺言内容によっては遺言執行者選任の申立てが必要となることもあります。

　財産の引渡しが終了したら，任意後見人は，引渡しにかかる事務の経過を，財産受領書等の書面にて任意後見監督人に報告します。なお，任意後見監督人として，引渡しに立ち会う場合でも書面の作成と報告を求めます。

資料20：管理財産引継代表相続人決定通知書
資料21：財産引渡日のご連絡
資料22：委任状
資料23：財産受領書

(5) 家庭裁判所への財産引継ぎ完了の報告

　上記の財産の引渡しが完了したときには，任意後見監督人は，財産受領書を添付して，家庭裁判所に引継ぎ完了の報告を行います。

2 任意後見監督人の辞任・解任

(1) 任意後見監督人の辞任 (任意後見7条4項, 民844条)

任意後見制度において, 任意後見監督人は, 必置の機関です。

任意後見監督人は,「正当な理由があるとき」は, 家庭裁判所の許可を得て辞任することが認められています。そして, 任意後見監督人は, 必置機関であることから, 任意後見監督人が辞任等で欠けた場合には,「家庭裁判所は, 本人, その親族若しくは任意後見人の請求により, 又は職権で, 任意後見監督人を選任する」ことになります (任意後見4条4項)。

任意後見監督人において, 辞任するのにやむを得ない事情が発生した場合には, 辞任許可の申立てを行い, 後任の任意後見監督人が選任されたら, 速やかに事務を引き継ぐことになります。

(2) 任意後見監督人の解任 (任意後見7条4項, 民846条)

家庭裁判所は, 任意後見監督人に任務に適しない事由があるときは, 申立て又は職権により, 監督人を解任することができます。

なお, 任意後見制度において, 任意後見監督人は, 必置の機関であることから, 任意後見監督人が解任等で欠けた場合には,「家庭裁判所は, 本人, その親族若しくは任意後見人の請求により, 又は職権で, 任意後見監督人を選任する」ことになります (任意後見4条4項)。

第5章

書式からみる
後見監督の職務と流れ

第5章 書式からみる後見監督の職務と流れ

第1 後見開始の申立て

【事　案】

＜本　　　人＞	甲野ウメさん（87歳，女性）
＜居　　　所＞	特別養護老人ホーム
＜家　　　族＞	乙山みどりさん（65歳，長女）
	夫には20年前に先立たれ，長女以外に交流のある親族はいない。
＜心身の状況＞	要介護3
	大きな病気はないが，足腰が弱っており，日中は車椅子に座っているかベッドで横になっていることが多い。会話はできない。長女が面会に行くと，微笑み返してはくれるが，長女と認識しているのかどうかは分からない。
＜財産の状況＞	収入は，月額2万5000円の年金のみ。
	支出は，施設利用料や社会保険料などで月額7万円程度かかり，収支は，月4万5000円の赤字。
	資産としては，預金50万円と自宅がある。
＜後見の申立て＞	これまで施設利用料の支払等の財産管理を長女が行ってきたが，このままいくと，あと1年くらいで預金が底をつき，施設利用料の支払ができなくなる。そこで，長女は，施設利用料を捻出するため，自宅を売却しようと思い，後見開始の申立てをした。

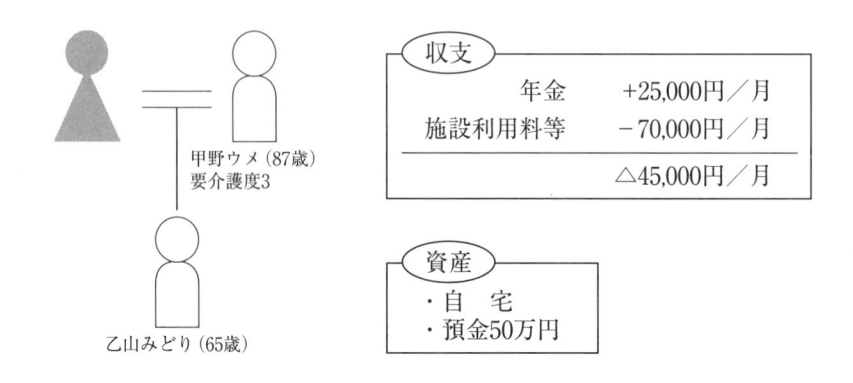

甲野ウメ（87歳）
要介護度3

乙山みどり（65歳）

収支
年金　　　　　＋25,000円／月
施設利用料等　－70,000円／月
　　　　　　　△45,000円／月

資産
・自　宅
・預金50万円

第2 後見の開始

1 後見開始の審判

　平成26年3月17日，後見開始の審判がなされ，後見開始の申立てをした乙山みどりが成年後見人に選任され，成年後見監督人として，丙川法子が選任された。

【書式例1】　後見開始の審判書

平成26年(家)　第1234号　後見開始の審判申立事件
平成26年(家)　第5678号　成年後見監督人選任事件(職権)

審　　　判

住　　　所　　　福岡県博多市うぐいす町4丁目5番6号
　　　　　　　　　申　立　人　　　乙山　みどり
本　　　籍　　　福岡県博多市うめ町1丁目10番
住　　　所　　　福岡県博多市うめ町1丁目2番3号　特別養護老人ホームつつじ
　　　　　　　　　本　　　人　　　甲野　ウメ
　　　　　　　　　　　　　　　　　昭和2年1月1日　生

　後見開始の審判について，当裁判所は，その申立てを相当と認め，成年後見監督人選任事件を職権により，次のとおり審判する。

主　　　文

1　本人について後見を開始する。
2　本人の成年後見人として申立人を選任する。
3　本人の成年後見監督人として次の者を選任する。
　　　事　務　所　　　福岡県小倉市チャチャ町7丁目8番9号
　　　氏　　　名　　　丙川　法子(司法書士)

第5章　書式からみる後見監督の職務と流れ

```
    4　手続費用は申立人の負担とする。


            平成26年3月17日
            福岡家庭裁判所博多支部
                裁判官　　○○　　○○


                これは謄本である
                同日同庁　裁判所書記官　　○○　　○○　[印]
```

2　後見監督事務に向けての準備

　平成26年3月18日，成年後見監督人の丙川法子は，成年後見人乙山みどりと連絡を取るため，就任通知を発送した。

【書式例2】　成年後見監督人就任のご連絡

```
                                                平成26年3月18日
甲野ウメ成年後見人　　乙山みどり　様

                            〒123-0123
                            福岡県小倉市チャチャ町7丁目8番9号
                            甲野ウメ成年後見監督人
                                司法書士　丙　川　法　子
                                TEL兼FAX：092-123-4567


                    成年後見監督人就任のご連絡

　拝啓　当職は，平成26年3月17日付審判で，甲野ウメ様の成年後見監督人に選任された司法書士です。まずは本書面をもって就任のご挨拶をさせていただきます。
　後見開始の審判が確定した後，乙山みどり様と具体的な打合せをするために改めてご
```

連絡いたしますが，それまでにやっていただきたいことについて，お伝えしておきます。

　まずは，裁判所から送られてきた資料・パンフレットや本書に同封しております「後見事務についての注意事項と心構え」並びに下記の注意事項に目を通していただくようお願いいたします。
　また，同封の「後見人連絡先」に乙山みどり様の連絡先等をご記入いただき，当職事務所までご返送くださいますよう重ねてお願いいたします。
　ご不明な点や質問したいことがありましたら，いつでも遠慮なくご連絡ください。

　これから甲野ウメ様，乙山みどり様のために，精一杯お手伝いさせていただきますので，どうぞよろしくお願いいたします。

敬具

記

※　以下，詳細については，面談のときにご説明いたします。

【注意事項1】
　乙山みどり様が成年後見人として，審判確定後，最初にすべき後見事務は次のとおりです。
　(1)　後見登記事項証明書の取得
　(2)　財産の調査，財産の引継ぎと確保（預貯金の調査，固定資産評価証明書の取得など）
　(3)　金融機関・市町村役場，年金事務所等，各関係機関への後見の届出
　(4)　財産目録及び収支予定表の作成
　(5)　後見事務日誌及び金銭出納帳の作成

【注意事項2】
　甲野ウメ様に対して債権（貸付金，立替金など）や債務（借入金など）がある場合は，財産の調査を始める前に，成年後見監督人までお申し出ください。債権があることを知っていながらお申出がなかった場合は，その債権を失いますのでご注意ください。

【注意事項3】
　財産の調査を行い，財産目録の作成が終わるまでは，原則として預貯金の引出し等はできませんのでご注意ください。

【注意事項4】
　当職が成年後見監督人として最初に行うことは，乙山みどり様と一緒に財産の調査を行い，乙山みどり様が作成した財産目録及び収支予定表を審査し，家庭裁判所へ提出することです。家庭裁判所より指示を受けていることと思いますが，財産目録及び収支予定表は，平成26年5月1日までに当職へご提出くださいますようお願いいたします。

以　上

（注）本書に「後見業務についての注意事項と心構え」と「成年後見人連絡先」を同封する。
　　　書式は171～175頁参照。

第3 成年後見監督人の就任直後の職務

1 成年後見人との面談

　平成26年3月24日，成年後見人より「成年後見人連絡先」の返送があった。
　平成26年4月1日，後見開始の審判が確定し，同日，成年後見人と連絡を取り，4月2日に成年後見監督人の事務所で打合せをすることになった。
　打合せでは，成年後見人と，本人についての情報交換を行い，成年後見人の事務や心構えについて詳細に説明をし，あわせて成年被後見人と成年後見人との間に債権債務関係はないか確認をした。

【書式例3】　債権債務申出書

平成26年(家)　第1234号　後見開始の審判申立事件
成年被後見人　甲野　ウメ

債権債務申出書

成年後見監督人　司法書士　丙川法子　様

　　　　　　　　　　　作成日　　平成　２６年　４月　２日
　　　　　　　　　　　申出者　成年後見人　乙山みどり　　印

　私は，民法855条1項の規定に基づき，成年被後見人に対する債権又は債務について，以下のとおり申し出ます。また，末尾の注意事項について，貴殿より説明を受けました。

1　成年被後見人に対する債権（貸付金，立替金など）はありますか？
　　□　ありません。（注1）
　　☑　以下のとおりあります。

第5章　書式からみる後見監督の職務と流れ

発生年月日	債権の種類	現在額	返済方法
平成26・2・20	入院費立替金	20,000円	月5,000円以上であれば分割でも可能
・　・		円	

※　契約書，領収書などの債権を証明する資料の写しを添付してください。

<u>2　成年被後見人に対する債務（借入金など）はありますか？</u>

☑　ありません。（注2）

☐　以下のとおりあります。

発生年月日	債権の種類	現在額	返済方法
・　・		円	
・　・		円	

※　契約書，領収書などの債務を証明する資料の写しを添付してください。

（注1）債権のあることを知りながら本書で申し出しなかった債権については，今後請求することができなくなります。

（注2）債務のあることを知りながら本書で申し出しなかった場合，成年後見人を解任されることがあります。

2　家庭裁判所へ財産目録及び収支予定表の提出

平成26年4月25日，成年後見人より財産目録及び収支予定表の提出があったので，それらを精査の上，家庭裁判所へ提出した。

【書式例4】　後見監督事務報告書

平成26年（家）第1234号　後見開始の審判申立事件
平成26年（家）第5678号　成年後見監督人選任事件（職権）
成年被後見人　甲野　ウメ

後見監督事務報告書

福岡家庭裁判所博多支部　御中

　　　　　　　　　　　　　　　平成26年5月2日
　　　　　　　　　　　　　　　成年後見監督人
　　　　　　　　　　　　　　　司法書士　丙　川　法　子　㊞
　　　　　　　　　　　　　　　　　電　話　092-123-4567

　頭書の事件について，以下のとおりご報告いたします。

第1　成年被後見人に対する債権又は債務の申出について

1　成年後見人より申出のあった本人に対する債権又は債務については，別紙債権債務申出書記載のとおりです。

2　申出のあった入院費の立替金について
　平成26年1月頃，本人が高熱を出したため博多記念病院に一時入院をし，そのときの入院費2万円を成年後見人が立替払いしたそうです。

3　立替金清算についての成年後見監督人の意見
　領収書が保管されていたこと及び本人の預金から立替払日前後に入院費の支払に充てたと思われる払出がないことなどから立替金の清算を認めることにしました。なお，成年後見人からは，月5000円以上の分割で構わないとの申出があったので，清算は，次回年金が支給される6月に1万円，8月に1万円の2回に分けて行います。また，返済金額が2万円と少額であり，返済方法も簡明であるので，返済計画書等の作成はしておりません。

第2　財産目録について

1　本人の財産の内容は，別紙財産目録記載のとおりです。

2　当該財産目録は，成年後見人より，平成26年4月25日に提出があり，成年後見監督人において通帳の原本，残高証明書，不動産登記事項証明書，固定資産評価証明書等を確認し，精査しましたが，不正確な点，不明な点はありませんでした。

3　不動産について
　本人が現特別養護老人ホームに入所する前に住んでいた自宅は，現在は空き家になっています。鍵は成年後見人が保管しており，これまで不定期ながら成年後見人が自宅を訪れ，窓を開け換気をしたり掃除をしたりしていたそうです。今後もこの見回りは続けていくそうですが，後述しますとおり，この自宅については売却を予定しています。な

お，固定資産税は，本人の銀行口座(財産目録1-①)から自動引落しになっています。

第3　収支予定表について
1　本人の収支予定は，別紙収支予定表記載のとおりです。
2　当該収支予定表は，成年後見人より，平成26年4月25日に提出があり，成年後見監督人において通帳の原本，領収書等を確認し，精査しましたが，不正確な点，不明な点はありませんでした。
3　博多百貨店の年会費について
　　本人が以前買い物で利用していた博多百貨店「どんたくカード」の年会費500円が毎年12月に本人の銀行口座（財産目録1-〇）から自動引落しになっています。収支が月4万5000円の赤字であることや本人がそのカードを長く利用していないこと，今後も利用する可能性がないことなどから，成年後見人に解約するよう指示しました。

第4　今後の後見監督事務の方針等について
1　後見監督(後見事務報告) について
　　成年後見人が後見事務に不慣れであることや，後述します不動産の売却を予定していることなどから，しばらくは毎月報告を求めることにしました。それらが解消した後は，3か月又は6か月に1回の後見監督へ移行する予定です。
2　自宅の売却について
　　収支予定表記載のとおり，本人の収支は月4万5000円の赤字で，このままいきますと約1年後には本人の預金が底をついてしまいます。そこで，成年後見人から施設利用料を捻出するために自宅を売却したいとの相談がありましたが，成年後見監督人としても資産や収支の状況から自宅を売却することはやむを得ないと考えており，自宅の売却に同意する予定です。成年後見人には，自宅の売却には，成年後見監督人の同意と家庭裁判所の許可が必要であることを説明しており，今後は，成年後見人と成年後見監督人とが協力して売却価格や売却条件を検討していく予定です。

添付書類
1　債権債務申出書　　　　　1通
2　財産目録及びその資料　　各1通
3　収支予定表及びその資料　各1通

以　上

第4 成年後見監督人の就任中の職務

1 成年後見監督人による報告請求

平成26年5月20日，成年後見人に第1回目の定期報告を求めた。

【書式例5】後見事務報告書提出依頼書

平成26年5月20日

甲野ウメ成年後見人　乙山みどり　様

〒123-0123
福岡県小倉市チャチャ町7丁目8番9号
甲野ウメ成年後見監督人
司法書士　丙　川　法　子
TEL兼FAX：092-123-4567

後見事務報告書提出のお願い

拝啓　時下ますますご健勝のこととお慶び申し上げます。
　早速ですが，下記の要領にて後見事務の報告をお願いいたします。報告の準備が整いましたら，面談する日程を調整しますので，お電話ください。よろしくお願いいたします。

敬具

記

報告対象期間：後見の開始から平成26年5月分まで
提出期限：平成26年6月9日

ご提出・ご提示いただくもの
　□　後見事務報告書(同封の書式をご利用ください。)

> - ☐ 後見事務日誌
> - ☐ 現金預金出納帳
> - ☐ 通帳(原本)
>   ・必ず記帳をし，記帳した日付を鉛筆でご記入ください。
> - ☐ 領収書(原本)
>   ・施設関係の領収書
>   ・その他，成年被後見人の財産から支出した費用の領収書
> - ☐ 成年被後見人の生活状況や財産に変化があった場合は，それらを説明するための資料もご持参ください。
>
> 　　　　　　　　　　　　　　　　　　　　　　　　　　　　　　　以　上

2　成年後見人からの定期報告

　平成26年6月2日，成年後見人から電話があり，6月3日に成年後見監督人の事務所にて定期報告を行うことにした。
　6月3日，成年後見人と面談をし，提出を受けた後見事務報告書等をもとに，本人の生活状況や財産状況について確認を行った。また，成年後見人から相談があった自宅の売却の今後の進め方について協議をした。

【書式例6】後見事務報告書

> 平成26年(家)　第1234号　後見の開始申立事件
> 本　人　　甲野　ウメ
>
> 　　　　　　　　　　　　　後見事務報告書
>
> 　　　　　　　　　　　　　　　報告書作成日　平成26年6月1日
> 　　　　　　　　　　　　　　　成年後見人　　乙川　みどり　印
>
> 　頭書の後見事件について，以下のとおり報告をします。

（＊本紙に書き切れない場合は，裏面や別の用紙にご記入ください。）

1　本人の生活状況及び心身の状態について
　(1)　現在の生活場所についてご記入ください。
　　　☑　変わりありません。　特別養護老人ホームつつじで生活しています。
　　　□　以下のとおり変わりました。なお，住所の変更登記は「□申請済み，□未申請」
　　　　です。（住民票，後見登記事項証明書，施設との契約書等を添付）
　　　　　□　転居しました。
　　　　　　　新住所（　　　　　　　　　　　　　　　　　　　　　　　　　　　　）
　　　　　□　施設へ入所・病院へ入院（転院）をしました。
　　　　　　　名称（　　　　　　　　　　）　所在地（　　　　　　　　　　　　　　）
　　　　　　　時期（平成　　年　　月　　日）
　　　　　□　その他（　　　　　　　　　　　　　　　　　　　　　　　　　　　　）
　　　◎補足説明
　　　　週に3～4回面会に行っています。話しかけるとにこりと笑ってくれますが，
　　　　私のことを他人だと思っているようで寂しい気持ちになります。

　(2)　心身の状態（健康状態）についてご記入ください。
　　　□　変わりありません。
　　　☑　以下のとおりです。
　　　　5月3日頃，風邪をひいて微熱がありましたが，3日ほどで回復し，今は元気
　　　　にしています。食欲は旺盛で，出された食事は全て食べきっているそうです。

2　本人の財産の管理状況について
　(1)　現金と預貯金の残高をご記入ください。
　　ア　現　金　　　　5,000　　　円（平成26年5月31日現在）
　　イ　預貯金　合計　　340,000　　円（平成26年5月31日現在）

金融機関	種　類	口座番号	金　額
博多銀行（うめ町支店）	普通	1234567	340,000円

第5章　書式からみる後見監督の職務と流れ

(2) 定期的な収入以外の臨時の収入についてご記入ください。

☑　ありません。

☐　以下のとおりです。（説明資料を添付）

※収入の内容・時期・理由・相手方などの事情を詳しくご記入ください。

------

(3) 定期的な支出以外の臨時の支出についてご記入ください。

☑　ありません。

☐　以下のとおりです。（説明資料を添付）

※支出の内容・時期・理由・相手方などの事情を詳しくご記入ください。

------

(4) 取得した財産又は処分した財産についてご記入ください。

☑　ありません。

☐　以下のとおりです。（説明資料を添付）

※財産の内容・時期・理由・相手方などの事情を詳しくご記入ください。

------

(5) 今後，予定している財産の処分等（臨時の支出や不動産の処分など）についてご記入ください。

☐　ありません。

☑　以下のとおりです。

※その内容・時期・理由・相手方などの事情を詳しくご記入ください。

自宅の売却のことです。残りの預貯金のことを考えると年内に売却できればと考えています。不動産の売却は初めてなので，相談に乗っていただきたいです。

3　その他，報告事項や相談したいことがあればご記入ください。

第4　成年後見監督人の就任中の職務／3　居住用不動産の処分

<u>アドバイスいただいたとおり，「どんたくカード」を解約しました。</u>

4　あなた(後見人)の住所・職業・経済状況・健康状態などの変化についてご記入ください。
　　☑　変わりありません。
　　☐　以下のとおりです。

成年後見監督人確認欄	
受　領　日	平成　　年　　月　　日
点検終了日	平成　　年　　月　　日

3　居住用不動産の処分

(1)　成年後見監督人の同意

　平成26年8月8日，成年後見人より，居住用不動産の処分の許可申立てに必要な売買契約書（案），固定資産評価証明書，物件価格査定書等の提出があり，8月20日に自宅売却についての協議をすることにした。
　8月20日，自宅売却について協議を行い，協議の結果，成年後見監督人は，自宅を売却することに同意することにした。また，居住用不動産処分許可の申立書作成についてアドバイスを行い，家庭裁判所に申立てする前に，一度，成年後見監督人に提出するよう指示をした。

【書式例7】同意書

```
平成26年（家）第1234号　　後見開始の審判申立事件
　　成年被後見人　　甲野　　ウメ
　　成年後見人　　　乙山　　みどり
```

第5章　書式からみる後見監督の職務と流れ

同　意　書

成年後見人　乙山みどり　様

　　　　　　　　　　　　　　　　　平成26年8月20日
　　　　　　　　　　　　　　　　　成年後見監督人
　　　　　　　　　　　　　　　　　司法書士　丙　川　法　子　印

　頭書の事件に関して，私は，成年後見人が成年被後見人を代理して，別紙不動産売買契約書（案）記載のとおり，不動産を売却することについて，民法864条の規定に基づき同意します。

　　　　　　　　　　　　　　　　　　　　　　　　　　　　　　　以　上

（注）1　本書と不動産売買契約書（案）を合綴する。
　　　2　本書は居住用不動産処分許可申立書に添付する。

(2) 居住用不動産処分許可の申立て

　平成26年8月22日，成年後見人より，作成した居住用不動産処分許可の申立書の提出があった。成年後見監督人において点検をしたところ，アドバイスどおりに作成されており，特に不備等はなかったので，早速，家庭裁判所に申立てをするよう指示をした。
　8月25日，成年後見人は，家庭裁判所に居住用不動産処分の許可の申立てをした。

【書式例8】居住用不動産処分許可申立書

居住用不動産処分許可申立書

福岡家庭裁判所博多支部　御中

　　　　　　　　　　平成26年8月25日
　　　　　　　　　　住　所　福岡県博多市うぐいす町4丁目5番6号
　　　　　　　　　　申立人　成年後見人　乙　山　み　ど　り　印
　　　　　　　　　　　　電　話　092-456-7890

関連事件番号　平成26年（家）第1234号　後見開始の審判申立事件
本　　　籍　福岡県博多市うめ町1丁目10番
住　　　所　福岡県博多市うめ町1丁目2番3号　特別養護老人ホームつつじ
氏　　　名　成年被後見人　甲野　ウメ（昭和2年1月1日　生）

添付書類
　　不動産登記事項証明書，売買契約書（案），固定資産評価証明書，物件価格査定書，買受希望者の資格証明書，成年後見監督人の同意書

申立ての趣旨
　申立人が成年被後見人の居住用の建物及びその敷地を別紙売買契約書（案）のとおり売却をすることを許可する旨の審判を求める。

申立ての理由
1　申立人は，甲野ウメ（以下，「本人」という。）の成年後見人である。
2　本人は現在，特別養護老人ホームつつじに入所中で，その利用料を含め，本人の生活，療養のために月7万円程度の費用が必要である。
3　ところが，本人の収入は，月2万5000円の年金のみであり，収支は，月4万5000円の赤字である。また，本人の資産は，別紙物件目録記載の不動産（以下，「本件不動産」という。）のほか，約23万円の預金のみである。
4　このままでは，年内にも預金が底をつくことから，施設利用料等の費用を捻出するため，本件不動産を売却する必要がある。
5　ところで本件不動産は，本人が平成20年4月1日に特別養護老人ホームつつじに入所するまで住んでいた自宅であるが，それ以降は空き家の状態が続いている。本人は認知症の症状が進行し，家族である申立人のことも分からなくなっており，また，足腰が弱く歩行に難があることなどから，年齢から考えても本人が自宅に戻って生活する可能性は極めて低い。
6　本件不動産について購入者を募ったところ，株式会社うめ町不動産から300万円での買受けの希望があり，別紙固定資産評価証明書及び物件価格査定書からすると，売却価格300万円は相当と考える。
7　なお，別紙同意書のとおり，本件売買について，成年後見監督人も同意している。

第5章 書式からみる後見監督の職務と流れ

8 よって，申立ての趣旨のとおりの審判を求める。

以　上

（物件目録省略）

4　家庭裁判所へ臨時の報告

　平成26年9月2日，居住用不動産処分の許可の審判がなされた。
　9月10日，成年後見監督人同席のもと，成年後見人は，うめ町不動産と不動産の売買契約を締結し，成年後見人は，売買代金300万円を受領した。
　同日，成年後見人に売買代金の管理方法と財産目録の再作成について指示をした。
　9月30日，成年後見人より後見事務の報告があり，10月8日，成年後見監督人は，家庭裁判所へ臨時の報告を行った。

【書式例9】後見監督事務報告書（臨時報告）

平成26年（家）第1234号　後見開始の審判申立事件
平成26年（家）第5678号　成年後見監督人選任事件（職権）
成年被後見人　甲野　ウメ

後見監督事務報告書

福岡家庭裁判所博多支部　御中

平成26年10月8日
成年後見監督人
司法書士　丙川　法子　印
　　電話　092-123-4567

　頭書の事件について，以下のとおりご報告いたします。

第1　自宅不動産の売却について

160

1 平成26年6月頃から，成年後見の申立ての動機であった「自宅不動産の売却」について，成年後見人と協議しながら進めてきました。
2 同年7月15日，株式会社うめ町不動産から成年後見人及び成年後見監督人に対し，自宅不動産を300万円で買い取りたいとの話がありました。成年後見監督人は，うめ町不動産に対し，売却には家庭裁判所の許可が必要であること，その許可を得るためには，売買契約書(案)や物件価格の査定書などを準備してもらいたい旨を説明し，了解をもらいました。また，成年後見人には，他の不動産会社からも物件価格の査定書を作成してもらうよう指示しました。
3 同年8月20日，成年後見監督人は，売買契約書(案)や物件価格の査定書をもとに，成年後見人と自宅不動産の売却について協議し，うめ町不動産に300万円で自宅不動産を売却することに同意することにしました。
4 同年8月25日，成年後見人が御庁に居住用不動産処分の許可の申立てをし，同年9月2日，許可の審判がなされました。
5 同年9月10日，成年後見監督人同席のもと，成年後見人は，うめ町不動産と自宅不動産の売買契約を締結し，300万円で自宅不動産を売却しました。その売却代金は，博多銀行うめ町支店の普通預金口座(財産目録1－①)に入金されましたが，そのうち200万円については，同銀行の定期預金(財産目録1－②)にするよう指示しました。
6 なお，別紙不動産登記事項証明書のとおり，所有権移転登記も完了しています。

第2 財産目録について
1 自宅不動産の売却に伴い本人の財産の内容に変動が生じたので，成年後見人に財産目録の作成を指示し，平成26年9月30日，別紙財産目録の提出を受けました。
2 成年後見監督人において，通帳の原本を確認し，財産目録を精査しましたが，不正確な点，不明な点はありませんでした。

第3 今後の後見監督事務の方針等について
1 後見監督(後見事務報告)について
　　これまで毎月後見事務の報告を求めていましたが，課題であった「自宅不動産の売却」が解決し，また，この半年間の成年後見人の事務の執行状況をみて，今後も適正に行うことができると判断しましたので，今後は，成年後見監督人による後見監督を3か月に1回に変更することにしました。

第5章　書式からみる後見監督の職務と流れ

2　成年後見監督人の辞任の可能性

　　自宅不動産の売却ができ，当面生活費等の心配をする必要がなくなりましたが，依然として本人の財産状況は良好とは言えません。したがって，今後の成年後見人の事務の執行状況にもよりますが，少しでも本人の経済的な負担（成年後見監督人の報酬）を減らすため，成年後見監督人を辞任することが必要ではないかと考えております。

添付書類
・財産目録及びその資料　　各1通
・不動産登記事項証明書　　2通

以　上

第5 成年後見監督人の終了時の職務

　その後も後見監督事務を続けてきたが，成年後見人の後見事務の執行状況は良好であり，今後，不動産の売却や遺産分割といった大きな法律問題の処理も予定されていないので，成年後見監督人を辞任することにした。
　平成28年5月1日，成年後見監督人は，家庭裁判所に定期報告をするとともに，辞任の許可の申立てをした。

【書式例10】成年後見監督人辞任許可申立書

成年後見監督人辞任許可申立書

福岡家庭裁判所博多支部　御中

　　　　　　　　　　　　　　　平成28年5月1日
　　　　　　　　　　　　住　所　福岡県小倉市チャチャ町7丁目8番9号
　　　　　　　　　　　　申立人　成年後見監督人　丙　川　法　子　印
　　　　　　　　　　　　　電　話　092-123-4567

　関連事件番号　平成26年(家)第1234号　後見開始の審判申立事件
　本　　籍　福岡県博多市うめ町1丁目10番
　住　　所　福岡県博多市うめ町1丁目2番3号　特別養護老人ホームつつじ
　氏　　名　成年被後見人　甲野　ウメ（昭和2年1月1日　生）

申立ての趣旨

申立人が成年被後見人の成年後見監督人を辞任することを許可する旨の審判を求める。

申立ての理由

1　申立人は，甲野ウメ（以下，「本人」という。）の成年後見監督人である。
2　司法書士である申立人が本人の成年後見監督人に選任されたのは，以下の2点のとおり，法律専門職が成年後見監督人として関与する必要があったからだと考える。

(1) 親族を成年後見人として選任するに当たり，成年後見人としての能力に不安があった。
(2) 施設利用料等の原資を捻出するため，自宅不動産を売却する必要があった。
3 上記2点の課題については，以下のとおり解消した。
(1) 後見の開始から2年が経過した。この間，申立人は成年後見人乙山みどり氏(以下,「成年後見人」という。)に対し，最初の6か月間は1か月ごとに，その後は，3か月ごとに後見事務の報告を求めてきたところ，成年後見人はこれまで真摯に対応してきている。後見事務の報告の際には，成年後見監督人は，成年後見人から通帳，領収書，金銭出納帳等の提出を受け，精査したが，いずれも適切に管理されていることを確認した。

　また，成年後見人は，週に3，4回本人と面会し，介護担当者と盛んに情報交換をしており，身上監護の事務も適切に行っているものと認めることができる。
(2) 平成26年10月8日付後見監督事務報告書記載のとおり，自宅不動産の売却手続は完了している。
4 また，別紙財産目録及び収支予定表のとおり，本人の収支は月4万5000円の赤字で，収支の状況は良好とは言えないので，本人の財産の維持のためにも，申立人が成年後見監督人を辞任し，成年後見監督人の報酬負担をなくすことは有益である。
5 よって，申立ての趣旨のとおりの審判を求める。

以　上

第6章

書式集

第6章 書式集

【資料1-1】 審判書（同時選任）

平成○○年（家）第○○○○号　後見開始の審判申立事件
平成○○年（家）第○○○○号　成年後見監督人選任事件（職権）

審　　　判

住　　　所　　○○県○○市○○町1丁目1番1号
　　　　　　　　申　立　人　　甲野　一郎
本　　　籍　　○○県○○市○○町1丁目1番地
住　　　所　　○○県○○市○○町2丁目2番2号　グループホーム△△内
　　　　　　　　本　　　人　　甲野　太郎
　　　　　　　　　　　　　　大正○○年○○月○○日生

　後見開始の審判について，当裁判所は，その申立てを相当と認め，成年後見監督人選任事件を職権により，次のとおり審判する。

主　　　文

1　本人について後見を開始する。
2　本人の成年後見人として申立人を選任する。
3　本人の成年後見監督人として，次の者を選任する。
　　　事　務　所　　○○県○○市○○町3丁目3番3号
　　　氏　　　名　　乙山　法男（司法書士）
4　手続費用は申立人の負担とする。

　　　平成○○年○○月○○日
　　　　○○家庭裁判所
　　　　　裁判官　○○　○○

　　　　　　　　　これは謄本である。
　　　　　　　　　同日同庁　裁判所書記官　○○　○○　㊞

【資料1-1】 審判書（同時選任）／【資料1-2】 審判書（異時選任）

【資料1-2】 審判書（異時選任）

平成〇〇年（家）第〇〇〇〇号　成年後見監督人選任事件（職権）

審　　　判

本　　籍　〇〇県〇〇市〇〇町1丁目1番地
住　　所　〇〇県〇〇市〇〇町2丁目2番2号　グループホーム△△内
　　　　　成年被後見人　　甲野　太郎
　　　　　　　　　　　　　大正〇〇年〇〇月〇〇日生
住　　所　〇〇県〇〇市〇〇町1丁目1番1号
　　　　　成年後見人　　　甲野　一郎

本件について，当裁判所は，職権により，次のとおり審判する。

主　　　文

1　成年被後見人の成年後見監督人として，次の者を選任する。
　　事　務　所　〇〇県〇〇市〇〇町3丁目3番3号
　　氏　　　名　乙山　法男（司法書士）
2　手続費用は本人の負担とする。

　　　平成〇〇年〇〇月〇〇日
　　　　〇〇家庭裁判所
　　　　　裁判官　〇〇　〇〇

　　　　　　　　これは謄本である。
　　　　　　　　同日同庁　裁判所書記官　〇〇　〇〇　[印]

第6章 書式集

【資料2】 閲覧・謄写申請書

※家庭裁判所によって書式が異なります。

【資料3】　成年後見監督人就任通知

平成〇〇年〇〇月〇〇日

成年後見人　〇〇　〇〇　様

〒〇〇〇-〇〇〇〇
〇〇県〇〇市〇〇町〇丁目〇番〇号
司法書士　〇　〇　〇　〇
電　話　〇〇-〇〇〇〇-〇〇〇〇

成年後見監督人就任のご連絡

　拝啓　当職は，平成〇〇年〇〇月〇〇日付審判で，〇〇〇〇様の成年後見監督人に選任された司法書士です。まずは本書面をもって就任のご挨拶をさせていただきます。
　後見開始の審判が確定した後，〇〇〇〇様と具体的な打合せをするために改めてご連絡いたしますが，それまでにやっていただきたいことについて，お伝えしておきます。
　まずは，裁判所から送られてきた資料・パンフレットや本書に同封しております『後見業務についての注意事項と心構え』及び下記の注意事項に目を通していただくようお願いいたします。
　また，同封の『成年後見人連絡先』に〇〇〇〇様の連絡先等をご記入いただき，当職事務所までご返送くださいますよう重ねてお願いいたします。
　ご不明な点や質問したいことがありましたら，いつでも遠慮なくご連絡ください。

　これから〇〇〇〇様，〇〇〇〇様のために，精一杯お手伝いさせていただきますので，どうぞよろしくお願いいたします。

敬具

記

※　以下，詳細については，面談のときにご説明いたします。

【注意事項1】
　〇〇〇〇様が成年後見人として，審判確定後最初にすべき後見事務は次のとおりです。
　⑴　後見登記事項証明書の取得
　⑵　財産の調査，財産の引継ぎと確保

　　　　　（預貯金，有価証券，保険，不動産，負債の調査など）
⑶　金融機関・市町村役場，年金事務所等，各関係機関への後見の届出
⑷　財産目録及び収支予定表の作成
⑸　後見事務日誌及び金銭出納帳の作成

【注意事項２】
　〇〇〇〇様に対して債権（貸付金，立替金など）や債務（借入金など）がある場合は，財産の調査を始める前に，後見監督人までお申し出ください。債権があることを知っていながらお申出がなかった場合は，その債権を失いますのでご注意ください。

【注意事項３】
　財産の調査を行い，財産目録の作成が終わるまでは，原則として預貯金の引出し等はできませんのでご注意ください。

【注意事項４】
　当職が成年後見監督人として最初に行うことは，〇〇〇〇様と一緒に財産の調査を行い，〇〇〇〇様が作成した財産目録及び収支予定表を審査し，家庭裁判所へ提出することです。家庭裁判所より指示を受けていることと思いますが，財産目録及び収支予定表は，平成〇〇年〇〇月〇〇日までに当職へご提出くださいますようお願いいたします。

　　　　　　　　　　　　　　　　　　　　　　　　　　　　　　　以　　上

【資料4】 後見業務についての注意事項と心構え

後見業務についての注意事項と心構え

※ 以下，成年後見人として職務を行う上で注意が必要な点と心構えをいくつか記載しています。判断に迷ったら，まずは成年後見監督人に相談してください。

[本人とは，○○○○様のことです。]

（財産の適正な管理）
- ① 本人の財産を適切に管理するため，成年後見人は金銭出納帳を作成し，収支の記録をつけ，請求書・領収書など，収入・支出の裏付けとなる資料をきちんと保管してください。

（使い込み・無断借用・流用）
- ② 成年後見人が本人の財産を自分のために使ったり，借用したりすることはできません。たとえ借用書を作成し，後で返したとしても成年後見人を解任されることがありますので注意してください。

（親族への金銭の貸付け）
- ③ 親族に対する金銭の貸付けも原則認められません。

（成年後見人・親族への贈与）
- ④ 贈与は，本人の財産を減少させる行為ですから，誰に対しても原則認められません。相続税対策の贈与も，相続人の利益を図る行為であって，本人のためのものではありませんから原則認められません。

（生計の同一回避）
- ⑤ 本人と同居している成年後見人，親族との生活費は分離する必要があります。同居家族全体の生活費を頭割りし，本人の負担額を計算する方法もありますので，成年後見監督人に相談してください。

（親族に対する扶養）
- ⑥ 本人の財産によって生活を支えられている配偶者や未成年の子に対しては，本人に扶養義務があると思われます。そのような配偶者や未成年の子の生活費等を本人の財産から支出してよいのか，その額はどの程度が適切か事前に成年後見監督人に相談してください。

第6章　書式集

（成年後見人の報酬）
- ☐ ⑦ 成年後見人が本人の介護やお見舞いを行ったとしても，日当（報酬）を本人の財産からもらうことはできません。成年後見人が報酬をもらうためには，家庭裁判所に報酬付与審判の申立てをする必要があります。

（成年後見人以外の親族からの立替金等の支払請求）
- ☐ ⑧ 親族等が行った本人の介護やお見舞いに対する日当・交通費についても，本人の財産から支弁することは原則としてできません。ただ，領収証などの確実な資料があり，本人にとって必要な費用であれば支払ってもよいと考えられます。

（施設などへの寄付）
- ☐ ⑨ 本人の財産から施設等への寄付を行うことはできません。

（施設等職員への謝礼）
- ☐ ⑩ 本人の財産から施設等職員への謝礼をすることはできません。

（個室や差額ベッドの利用）
- ☐ ⑪ 個室や差額ベッドの利用は，それが本人の療養看護のため必要であれば，一概に不相当とはいえません。本人の心身の状態及び財産の状況や医師の意見に照らして相当性の判断をしましょう。

（冠婚葬祭等における祝儀・香典）
- ☐ ⑫ 冠婚葬祭等における祝儀・香典については，本人と相手方との関係に照らして妥当な金額であれば許されるものと考えられますが，事前に成年後見監督人に相談してください。

（本人名義の不動産の利用）
- ☐ ⑬ 本人所有の土地の上に，成年後見人名義の建物を建築し，成年後見人名義のローンを担保するために，土地に抵当権を設定することは，本人にも利益がない限り認められません。本人所有の不動産を処分（売却，担保権設定等）する必要がある場合は，必ず事前に成年後見監督人に相談してください。

（投資・投機）
- ☐ ⑭ 成年後見人は本人の財産を増やす必要はありません。したがって，本人にとって利益になると思われても，投資・投機などの資産運用を新たに行うことは認めら

【資料4】 後見業務についての注意事項と心構え

れません。

(ペイオフ対策)
- ⑮ 1千万円を超える預貯金を有している場合は，ペイオフ対策として複数の金融機関に預貯金を分散したり，利息が付かない決済性預金に切り替えるような対応をして危険の防止を図りましょう。また，高額の現金管理は，防犯上問題があり，また，後見監督を適正に行うことができないことから避けてください。

(法律上，成年後見監督人の同意が必要となる法律行為)
- ⑯ 成年後見人が本人に代わって以下のことをする場合には，成年後見監督人の同意が必要ですので，必ず事前に相談してください。また，何が次の行為に該当するか迷われたときもご相談ください。
    - ⅰ 営業
        本人を代理して営業を行う場合
    - ⅱ 元本の利用
        利息付金銭貸与・不動産の賃貸（ⅹの期間を超えない賃貸）
    - ⅲ 借財・保証
        金銭の借入れを行ったり，保証人になったりする場合
    - ⅳ 不動産などの重要な財産の処分
        不動産や重要な財産（自動車等）について売買契約や賃貸借契約等をする場合，施設と入所契約を結ぶ場合
    - ⅴ 訴訟行為
        本人を原告として，訴訟を提起する場合
    - ⅵ 贈与・和解・仲裁合意
        財産を贈与する場合，和解や仲裁契約をする場合
    - ⅶ 相続の承認・相続放棄・遺産分割
        本人が相続人となったときに，相続の承認や放棄をし，又は遺産分割の協議をする場合（なお，成年後見人も共同相続人の1人である場合は，成年後見監督人である当職が，本人の代理人となり遺産分割協議を行います。）
    - ⅷ 贈与の申込みの拒絶・遺贈の放棄
        負担付贈与の申込みの承諾・負担付遺贈の承認
        本人が贈与を受ける申込みを拒絶したり，遺贈を放棄したり，負担付贈与の申込みを承諾したり，又は負担付遺贈を承認する場合
    - ⅸ 新築・改築・増築・大修繕
        本人のために新築，改築又は大修繕をする場合（請負契約を締結すること）
    - ⅹ 括弧内の期間を超える賃貸借

　　　　ア　樹木の植栽又は伐採を目的とする山林の賃貸借（10年）
　　　　イ　ア以外の土地の賃貸借（5年）
　　　　ウ　建物の賃貸借（3年）
　　　　エ　動産の賃貸借（6か月）
　　　本人所有の土地については5年，建物については3年を超える期間の賃貸借契約をする場合等

　　　　　　　　　　　　　　　　　　　　　　　　　　　　　以　上

――――――――――――――――――――――――――――――――――

　上記のとおり，成年後見監督人から後見業務についての注意事項と心構えの説明を受けました。

　　平成　　年　　月　　日

　　（氏　名）　_____

【資料5】 成年後見人連絡先

成　年　後　見　人　連　絡　先

1　成年後見人の住所・氏名

　　　住　所

　　　氏　名

2　成年後見人の自宅の固定電話

3　成年後見人の携帯電話

4　緊急連絡先（勤務先，他の親族の住所，氏名，電話番号など）

5　成年後見監督人に対する意見等

【資料6】 情報管理票

情報管理票

1．基本事項（本人）

氏　　名	
住民票上の住所	
本　　籍	
生年月日	
審判日／確定日	平成　　年　　月　　日／　　月　　日
事件番号	平成　　年（家）　　　　　号
登記年月日／登記番号	平成　　年　　月　　日／
施設・病院の住所名称	住所 名称
入所日・退所予定日	平成　　年　　月　　日／　　月　　日

2．成年後見人

氏　　名	
住　　所	
電　　話	
携　　帯	
FAX	
email	
本人との関係	

3．成年後見監督人

氏　　名	
事　務　所	
電　　話	
携　　帯	
FAX	
email	

4．連絡先

自　　宅	住所／電話
入所施設（病院）	名称／住所／電話／担当者
かかりつけ医	名称／住所／電話／担当医
訪問介護サービス	名称／住所／電話／担当者
訪問看護サービス	名称／住所／電話／担当者
訪問医療サービス	名称／住所／電話／担当医
民生委員	名前／住所／電話
ケースワーカー	担当者／住所／電話／所属
親族（医療行為の同意）	名前／住所／電話
親族（身元引受人）	名前／住所／電話
不動産管理業者	名称／住所／電話／担当者
不動産の賃借人	名前／電話／勤務先
不動産の賃貸人	名前／住所／電話

5．福祉・医療関係

	期　限	保管者／保管場所
身体障害者手帳		
療育手帳		
精神障害者保健福祉手帳		
介護保険		
健康保険		
限度額適用・標準負担額減額認定証		
健康保険高齢受給者証		
重度障害者医療証		

6．財産関係

	保管者／保管場所	備　考
○○銀行通帳（○○支店）		口座番号
○○銀行通帳（○○支店）		口座番号
ゆうちょ銀行通帳		口座番号
認　印		
キャッシュカード		

第6章　書式集

小口現金		
自宅の鍵		
○○銀行貸金庫の鍵		
○○銀行定期預金証券		
自宅土地建物権利証		
生命保険		
傷害保険		
火災・家財保険		

7．小口現金使途

小遣い	①入所施設担当者 ②本人に手渡し
生活費	
確認方法	施設から郵送

8．定例業務

入所施設	①請求書・領収書受信 ②支払
訪問介護サービス	①請求書・領収書受信 ②支払
訪問看護サービス	①請求書・領収書受信 ②支払
訪問医療サービス	①請求書・領収書受信 ②支払
通帳・現金管理	①○○銀行の通帳記帳 ②小口現金の準備
入所施設・病院への面会	①面会予定の電話連絡（Tel：　　　　　） ②面会時 　　＊書簡・郵便物等の持参 　　＊職員と報告・連絡 　　＊領収書受け取り 　　＊小口現金補充

【資料6】 情報管理票

自宅管理	①郵便受けのチラシ類の処分 ②庭木の剪定 ③門のチェーンの鍵
地代の支払	①支払時期・回数 ②支払方法 ③金　額 ④領収書の確認
税金の支払	①支払方法 ②領収書の確認
成年後見監督人への報告	第1回　報告日　平成　　年　　　月　　　日 第2回　報告日　平成　　年　　　月　　　日 第3回　報告日　平成　　年　　　月　　　日
報酬付与の審判受領日	平成　　年　　　月　　　日 就任から平成　年　月　日まで金　　　円 平成　　年　　　月　　　日 平成　年　月　日～平成　年　月　日まで金　円
成年後見監督人への報酬支払	第1回支払日平成　　年　　　月　　　日金　　　円 第2回支払日平成　　年　　　月　　　日金　　　円 第3回支払日平成　　年　　　月　　　日金　　　円
転居届	平成　　年　　　月　　　日
菩提寺	住　　所 名　　称 住職名 電　　話 ＦＡＸ
納骨堂	住　　所 名　　称 電　　話 ＦＡＸ

第6章　書式集

【資料7】　後見人の債権債務に関する確認書

平成○○年（家）第○○○○号　後見開始の審判申立事件
成年被後見人　○○　○○

債権債務申出書

成年後見監督人　○○　○○　様

　　　　　　　　　　　　　　　　作成日　平成　　　　年　　　　月　　　　日
　　　　　　　　　　　　　　　　申出者　成年後見人　　　　　　　　　　　　印

　私は，民法855条1項の規定に基づき，成年被後見人に対する債権又は債務について，以下のとおり申し出ます。また，末尾の注意事項について，貴殿より説明を受けました。

1　成年被後見人に対する債権（貸付金，立替金など）はありますか？
　　□　ありません。（注1）
　　□　以下のとおりあります。

発生年月日	債権の種類	現在額	返済方法
・　・		円	
・　・		円	

　※　契約書，領収書などの債権を証明する資料の写しを添付してください。

2　成年被後見人に対する債務（借入金など）はありますか？
　　□　ありません。（注2）
　　□　以下のとおりあります。

発生年月日	債務の種類	現在額	返済方法
・　・		円	
・　・		円	

　※　契約書，領収書などの債務を証明する資料の写しを添付してください。

（注1）債権のあることを知りながら本書で申し出しなかった債権については，今後請求することができなくなります。
（注2）債務のあることを知りながら本書で申し出しなかった場合，後見人を解任されることがあります。

【資料8】 後見監督事務報告書(就任時)

平成○○年(家)第○○○○号　後見開始の審判申立事件
平成○○年(家)第○○○○号　成年後見監督人選任事件(職権)
成年被後見人　○○　○○

後見監督事務報告書(第1回)

○○家庭裁判所　御中

　　　　　　　　　　　　作成日　平成　　　年　　　月　　　日
　　　　　　　　　　　　報告者　成年後見監督人　　　　　　　印
　　　　　　　　　　　　電　話　　　　　　－　　　　　－

　成年後見監督人立会いのもと，成年被後見人○○○○の財産の調査及びその目録の作成が完了しましたので，以下のとおり報告します。

第1　成年被後見人に対する債権又は債務の申出について

第2　財産目録について

第3　収支予定表について

第4　今後の後見監督事務の方針等について

　　　　　　　　　　　　　　　　　　　　　　　　　　　　以　上

添付書類
　　1　債権債務申出書　　　　　1通
　　2　財産目録及びその資料　　各1通
　　3　収支予定表及びその資料　各1通
　　4　(略)

【資料9】 同意書

同　意　書

成年後見人　○○　○○　様
　　（取引の相手方）　　　様

　　　　　　　　　　　　　　　作成日　平成　　　　年　　　　月　　　　日
　　　　　　　　　　　　　　　作成者　成年後見監督人　　　　　　　　　　印

　私は，成年後見人○○○○が成年被後見人○○○○に代わって，下記の行為を行うことについて，民法864条の規定に基づき同意します。

記

1　成年被後見人の表示
　　　住　所　○○県○○市○○町○丁目○番○号
　　　氏　名　○○　○○

2　成年後見人の表示
　　　住　所　○○県○○市○○町○丁目○番○号
　　　氏　名　○○　○○

3　同意する行為の具体的な内容

以　上

（注）　売買契約書（案）等を合綴する方法もある。

【資料10】 後見事務報告書提出依頼書

平成○○年○○月○○日

成年後見人　○○　○○　様

〒○○○-○○○○
○○県○○市○○町○丁目○番○号
○○○○成年後見監督人
司法書士　○　○　○　○
電　話　○○-○○○○-○○○○

後見事務報告書提出のお願い

拝啓　時下ますますご健勝のこととお慶び申し上げます。
　早速ですが，下記の要領にて後見事務の報告をお願いいたします。報告の準備が整いましたら，面談する日程を調整しますので，お電話ください。よろしくお願いいたします。

敬具

記

報告対象期間：平成○○年○○月分から○○月分まで
提 出 期 限：平成○○年○○月○○日

1　ご提出・ご提示いただくもの
　□　後見事務報告書（同封の書式をご利用ください。）
　□　後見事務日誌
　□　現金預金出納帳
　□　通帳（原本）
　　・必ず記帳をし，記帳した日付を鉛筆でご記入ください。
　□　領収書（原本）
　　・病院，施設関係の領収書
　　・その他，成年被後見人の財産から支出した費用の領収書
　□
　□
　□　成年被後見人の生活状況や財産に変化があった場合は，それらを説明するための資料もご持参ください。

2　その他連絡事項

以　上

第6章　書式集

【資料11】　後見事務報告書

　　　平成○○年（家）第○○○○号（本人　○○　○○　様）

後見事務報告書

　　　　　　　　　　　　　　　　報告書作成日　平成　　年　　月　　日

　　　　　　　　　　　　　　　　成年後見人　＿＿＿＿＿＿＿＿＿＿＿＿　印

頭書の後見事件について，以下のとおり報告をします。
　（＊本紙に書き切れない場合は，裏面や別の用紙にご記入ください。）

1　本人の生活状況及び心身の状態について
　(1)　現在の生活場所についてご記入ください。
　　　□　変わりありません。
　　　□　以下のとおり変わりました。なお，住所の変更登記は「□申請済み，□未申請」
　　　　です。(住民票，後見登記事項証明書，施設との契約書等を添付)
　　　　□　転居しました。
　　　　　　新住所（＿＿＿＿＿＿＿＿＿＿＿＿＿＿＿＿＿＿＿＿＿＿＿＿＿＿＿）
　　　　□　施設へ入所・病院へ入院（転院）をしました。
　　　　　　名称（＿＿＿＿＿＿＿＿＿＿）　所在地（＿＿＿＿＿＿＿＿＿＿＿＿＿）
　　　　　　時期（平成　　年　　月　　日）
　　　　□　その他（＿＿＿＿＿＿＿＿＿＿＿＿＿＿＿＿＿＿＿＿＿＿＿＿＿＿＿）
　　　◎補足説明
　　　　　　＿＿＿＿＿＿＿＿＿＿＿＿＿＿＿＿＿＿＿＿＿＿＿＿＿＿＿＿＿＿＿＿＿
　　　　　　＿＿＿＿＿＿＿＿＿＿＿＿＿＿＿＿＿＿＿＿＿＿＿＿＿＿＿＿＿＿＿＿＿
　　　　　　＿＿＿＿＿＿＿＿＿＿＿＿＿＿＿＿＿＿＿＿＿＿＿＿＿＿＿＿＿＿＿＿＿
　　　　　　＿＿＿＿＿＿＿＿＿＿＿＿＿＿＿＿＿＿＿＿＿＿＿＿＿＿＿＿＿＿＿＿＿

　(2)　心身の状態（健康状態）についてご記入ください。
　　　□　変わりありません。
　　　□　以下のとおりです。
　　　　　　＿＿＿＿＿＿＿＿＿＿＿＿＿＿＿＿＿＿＿＿＿＿＿＿＿＿＿＿＿＿＿＿＿
　　　　　　＿＿＿＿＿＿＿＿＿＿＿＿＿＿＿＿＿＿＿＿＿＿＿＿＿＿＿＿＿＿＿＿＿
　　　　　　＿＿＿＿＿＿＿＿＿＿＿＿＿＿＿＿＿＿＿＿＿＿＿＿＿＿＿＿＿＿＿＿＿
　　　　　　＿＿＿＿＿＿＿＿＿＿＿＿＿＿＿＿＿＿＿＿＿＿＿＿＿＿＿＿＿＿＿＿＿

2 本人の財産の管理状況について
(1) 現金と預貯金の残高をご記入ください。
　　ア　現　金　　　　　　　　　　　　円（平成　　年　　月　　日現在）
　　イ　預貯金　合計　　　　　　　　　円（平成　　年　　月　　日現在）

金融機関	種　類	口座番号	金　額
銀行			円
銀行			円
銀行			円
銀行			円
銀行			円
銀行			円

(2) 定期的な収入以外の臨時の収入についてご記入ください。
　　□　ありません。
　　□　以下のとおりです。（説明資料を添付）
　　　※収入の内容・時期・理由・相手方などの事情を詳しくご記入ください。

　　　　　　　　　　　　　　　　　　　　　　　　　　　　　　　　　　
　　　　　　　　　　　　　　　　　　　　　　　　　　　　　　　　　　
　　　　　　　　　　　　　　　　　　　　　　　　　　　　　　　　　　
　　　　　　　　　　　　　　　　　　　　　　　　　　　　　　　　　　
　　　　　　　　　　　　　　　　　　　　　　　　　　　　　　　　　　

(3) 定期的な支出以外の臨時の支出についてご記入ください。
　　□　ありません。
　　□　以下のとおりです。（説明資料を添付）
　　　※支出の内容・時期・理由・相手方などの事情を詳しくご記入ください。

　　　　　　　　　　　　　　　　　　　　　　　　　　　　　　　　　　
　　　　　　　　　　　　　　　　　　　　　　　　　　　　　　　　　　
　　　　　　　　　　　　　　　　　　　　　　　　　　　　　　　　　　
　　　　　　　　　　　　　　　　　　　　　　　　　　　　　　　　　　
　　　　　　　　　　　　　　　　　　　　　　　　　　　　　　　　　　

(4) 取得した財産又は処分した財産についてご記入ください。
　　□　ありません。
　　□　以下のとおりです。（説明資料を添付）
　　　※財産の内容・時期・理由・相手方などの事情を詳しくご記入ください。

(5) 今後，予定している財産の処分等（臨時の支出や不動産の処分など）についてご記入ください。
　□　ありません。
　□　以下のとおりです。
　　※その内容・時期・理由・相手方などの事情を詳しくご記入ください。

3　その他，報告事項や相談したいことがあればご記入ください。

4　あなた（成年後見人）の住所・職業・経済状況・健康状態などの変化についてご記入ください。
　□　変わりありません。
　□　以下のとおりです。

成年後見監督人確認欄	
受　領　日	平成　　年　　月　　日
点検終了日	平成　　年　　月　　日

【資料11】 後見事務報告書／【資料12】 後見監督事務報告書（定期報告）

【資料12】 後見監督事務報告書（定期報告）

平成○○年（家）第○○○○号　後見開始の審判申立事件
平成○○年（家）第○○○○号　成年後見監督人選任事件（職権）
成年被後見人　○○　○○

後見監督事務報告書（第　回）

○○家庭裁判所　御中

　　　　　　　　　　　　　作成日　平成　　　年　　　月　　　日
　　　　　　　　　　　　　報告者　成年後見監督人　　　　　　　印
　　　　　　　　　　　　　電　話　　　　－　　　－

　頭書の後見事件について，以下のとおり報告します。

第1　財産目録について

第2　収支予定表について

第3　成年後見人の事務の執行状況について
　　成年後見人から○か月ごとに，別紙後見事務報告書に基づいて，本人の生活状況や財産の状況について報告を受けました。具体的には以下のとおりで，いずれも適正に執行されているものと認められます。
　1　身上監護面

　2　財産管理面

第4　成年後見監督人が行った後見監督事務の内容について

第5　今後の後見監督事務の方針等について

以　上

第6章 書式集

　　添付書類
　　　1　財産目録及びその資料　　各1通
　　　2　収支予定表及びその資料　各1通
　　　3

【資料12】 後見監督事務報告書（定期報告）／【資料13】 後見監督人報酬付与申立書

【資料13】 後見監督人報酬付与申立書

報酬付与申立書

○○家庭裁判所　御中

　　　　　作　成　日　　　平成　　年　　月　　日
　　　　　住　　　所
　　　　　申　立　人　　成年後見監督人　　　　　　　㊞
　　　　　電　　　話　　　　　－　　　－

関連事件の表示
　　事件番号　平成○○年（家）第○○○○号　後見開始の審判申立事件
　　　　　　　平成○○年（家）第○○○○号　成年後見監督人選任事件（職権）
　　本　　籍　○○県○○市○○町○丁目○番
　　住　　所　○○県○○市○○町○丁目○番○号
　　氏　　名　成年被後見人　○○　○○　（昭和○○年○○月○○日生）

添付書類
　　後見監督事務報告書　1通

申　立　て　の　趣　旨

　成年後見監督人の報酬として，成年被後見人の財産の中から相当額を申立人に付与するとの審判を求める。

申　立　て　の　理　由

1　申立人は，平成○○年○○月○○日，上記○○○○（以下「本人」という）の成年後見監督人に就任した。

2　本人の財産状況及び平成○○年○○月○○日から平成○○年○○月○○日までの間における申立人が行った後見監督事務の内容は，別紙後見監督事務報告書記載のとおりである。

3　よって，上記後見監督事務遂行期間における申立人の報酬として，申立ての趣旨のとおりの審判を求める。

　　　　　　　　　　　　　　　　　　　　　　　　　　　　　　　以　上

※ホームページに申立書の書式を掲載している裁判所もあります。

【資料14】 後見事務に関する処分申立書

後見事務に関する処分申立書

○○家庭裁判所　御中

```
作 成 日        平成　　年　　月　　日
住　　　所
申 立 人　　成年後見監督人　　　　　　　　　　印
電　　　話　　　　　　－　　　　－
```

関連事件の表示
　事件番号　平成○○年（家）第○○○○号　後見開始の審判申立事件
　　　　　　平成○○年（家）第○○○○号　成年後見監督人選任事件（職権）
本　　籍　○○県○○市○○町○丁目○番
住　　所　○○県○○市○○町○丁目○番○号
氏　　名　成年被後見人　○○　○○（昭和○○年○○月○○日生）

添付書類　申立理由を証する資料

申　立　て　の　趣　旨

　成年被後見人○○○○の成年後見人○○○○に対して，成年被後見人の財産の目録を家庭裁判所及び成年後見監督人に提出することを命ずる旨の審判を求める。

申　立　て　の　理　由

第1　平成○○年○○月○○日，御庁において，○○○○（以下，「本人」という。）の成年後見人として○○○○が，成年後見監督人として申立人がそれぞれ選任された。

第2　申立人は，成年後見人に対して，本人の財産目録の提出を求めたが，3か月を経過しても，いまだにその提出がない。

第3　成年後見人は，本人の財産が多額であり，本人所有の不動産は遠方に多数点在していること，有価証券類も多数存在していることなどを未提出の理由としている。

【資料14】 後見事務に関する処分申立書

　　第4　そこで，家庭裁判所において，相当の期間を定めて，成年後見人に対して，財産目録を家庭裁判所及び成年後見監督人に提出することを命じていただきたい。

　　第5　よって，申立ての趣旨のとおりの審判を求める。

　　　　　　　　　　　　　　　　　　　　　　　　　　　　　　　　　　　以　上

※ホームページに申立書の書式を掲載している裁判所もあります。

【資料15】 後見人選任申立書(欠員補充)

成年後見人選任申立書

○○家庭裁判所　御中

　　　　　　　　　作　成　日　　　平成　　年　　月　　日
　　　　　　　　　住　　　所
　　　　　　　　　申　立　人　　成年後見監督人　　　　　　　印
　　　　　　　　　電　　　話　　　　　　－　　　　－

関連事件の表示
　　事件番号　平成○○年（家）第○○○○号　後見開始の審判申立事件
　　　　　　　平成○○年（家）第○○○○号　成年後見監督人選任事件（職権）
　　本　　籍　○○県○○市○○町○丁目○番
　　住　　所　○○県○○市○○町○丁目○番○号
　　氏　　名　成年被後見人　○○　○○　（昭和○○年○○月○○日生）

申　立　て　の　趣　旨

標記事件について，成年被後見人の成年後見人を選任する審判を求める。

申　立　て　の　理　由

第1　平成○○年○○月○○日，御庁において，○○○○に対する後見開始の審判が確定し，成年後見人として○○○○が，成年後見監督人として申立人がそれぞれ選任された。

第2　成年後見人○○○○は，平成○○年○○月○○日に死亡した。

第3　本件の手続費用は，本人の負担としていただきたい。

第4　よって，申立ての趣旨のとおりの審判を求める。
　　　なお，成年後見人候補者としては，次の者が適任であると考える。

　　成年後見人候補者
　　　本　　籍

【資料15】 後見人選任申立書（欠員補充）

　　　住　　所
　　　連　絡　先
　　　氏　　名
　　　生年月日
　　　職　　業

　　　　　　　　　　　　　　　　　　　以　上

※ホームページに申立書の書式を掲載している裁判所もあります。

第6章　書式集

【資料16】　後見人解任申立書

成年後見人解任申立書

○○家庭裁判所　御中

　　　　　作　成　日　　　平成　　年　　月　　日
　　　　　住　　　所　　　　　　　　　　　　　　　
　　　　　申　立　人　成年後見監督人　　　　　　印
　　　　　電　　　話　　　　　　　－　　　　－　　

関連事件の表示
　事件番号　平成○○年（家）第○○○○号　後見開始の審判申立事件
　　　　　　平成○○年（家）第○○○○号　成年後見監督人選任事件（職権）
　本　　籍　○○県○○市○○町○丁目○番
　住　　所　○○県○○市○○町○丁目○番○号
　氏　　名　成年被後見人　○○　○○（昭和○○年○○月○○日生）

　住　　所　○○県○○市○○町○丁目○番○号
　氏　　名　成年後見人　○○　○○

申　立　て　の　趣　旨

標記事件について，成年被後見人の成年後見人○○○○を解任する審判を求める。

申　立　て　の　理　由

第1　平成○○年○○月○○日，御庁において，○○○○（以下，「本人」という。）の成年後見人として○○○○が，成年後見監督人として申立人がそれぞれ選任された。

第2　成年後見人には，次のとおり，その任務に適しない事由がある。
　1　交通事故の示談金として受領した3000万円を，成年後見人名義の株式の取引資金として流用し，本人に返還していない。
　2　平成○○年○○月○○日以降，○○グループホームに対して，本人の利用料の支払を怠るなど成年後見人としての義務を果たしていない。
　3　成年後見監督人である申立人に対する後見事務報告を怠っており，申立人は，御庁に対し，後見監督事務に関する定期報告をすることができない。

第3　成年後見人は，本人の財産が多額であり，本人所有の不動産は遠方に多数点在していること，有価証券類も多数存在していることなどを未提出の理由としている。

第4　申立人は，成年後見人〇〇〇〇を解任する審判を得て，後任の成年後見人に就任し，その職務を遂行したいと考えている。

第5　本件の手続費用は，本人の負担としていただきたい。

第6　よって，申立ての趣旨のとおりの審判を求める。

以　上

※ホームページに申立書の書式を掲載している裁判所もあります。

【資料17】 後見監督事務報告書（死亡時報告）

平成○○年（家）第○○○○号　後見開始の審判申立事件
平成○○年（家）第○○○○号　成年後見監督人選任事件（職権）
成年被後見人　○○　○○

後見監督事務報告書（第　回）

○○家庭裁判所　御中

　　　　　　　　　　　　　作成日　平成　　　年　　　月　　　日
　　　　　　　　　　　　　報告者　成年後見監督人　　　　　　　印
　　　　　　　　　　　　　電　話　　　　　－　　　－

　頭書の後見事件について，本人が死亡しましたので，以下のとおり報告します。

第1　後見終了事由
　　　平成　　年　　月　　日，成年被後見人の死亡

第2　今後の終了事務の予定，方針等について

　　　　　　　　　　　　　　　　　　　　　　　　　　　　　以　上

添付書類
　1　戸籍謄本　（又は死亡診断書の写し）　1通
　2

【資料18】 管理計算終了報告書

○○○○相続人
　○○　○○　様

管理計算終了報告書

作成日　平成　　　　年　　　　月　　　　日
住　所　_____
報告者　成年後見人　_____　印
電　話　_____

住　所　_____
立会人　成年後見監督人　_____　印

　私は，平成○○年○○月○○日より，○○○○さんの成年後見人として後見事務を行ってまいりましたが，平成○○年○○月○○日，○○○○さんの死亡によって，私の成年後見人の任務は終了しました。
　そこで，民法870条及び同871条の規定に基づき，上記成年後見監督人の立会いのもと，○○○○さんの財産の管理計算を行い，この度管理計算が終了いたしましたので，別紙のとおり，相続人の皆様にご報告申し上げます。
　なお，本日現在，成年後見人及び成年後見監督人への最後の報酬付与の審判がなされていませんので，審判後，別紙財産目録から報酬額分と切手代等の費用を差し引きますので，その分の減少があることを申し添えます。
　今後，家庭裁判所が成年後見人等の報酬額を決定した後，私がお預かりしている相続財産を相続人の皆様（又は相続人代表者）にお引渡しをする日程を決めなくてはなりませんが，引き渡す財産が確定するまで，今しばらくお待ちくださいますようお願いいたします。
　なお，財産の引渡しとは，物理上相続財産（通帳等）をお渡しするだけで，受け取られた相続人の財産になるということではありません。預貯金の払出し，不動産の名義変更等をするためには，相続人の皆様で遺産分割協議をする必要があります。
　ご不明な点がございましたら，私○○○○までお問い合わせください。

以　上

第6章　書式集

【資料19】　後見監督事務報告書（管理計算終了時）

平成〇〇年（家）第〇〇〇〇号　後見開始の審判申立事件
平成〇〇年（家）第〇〇〇〇号　成年後見監督人選任事件（職権）
成年被後見人　〇〇　〇〇

後見監督事務報告書（第　回）

〇〇家庭裁判所　御中

作成日　平成　　　年　　　月　　　日
報告者　成年後見監督人　　　　　　　印
電　話　　　　　－　　　　　－

　頭書の後見事件について，以下のとおり報告します。

第1　管理の計算
　1　管理の計算結果

　2　相続人への報告

第2　管理の計算終了時までの後見人の事務の執行状況について
　　後見人から〇か月ごとに，別紙後見事務報告書に基づいて，本人の生活状況や財産の状況について報告を受けました。具体的には以下のとおりで，いずれも適正に執行されています。
　1　身上監護面

　2　財産管理面

第3　管理の計算終了時までに成年後見監督人が行った後見監督事務の内容について

第4　今後の後見監督事務（財産の引継ぎ）の方針等について

以　上

【資料19】 後見監督事務報告書（管理計算終了時）

　　添付書類
　　　1　管理計算書　　　　　　　　　1通
　　　2　相続財産目録及びその資料　各1通
　　　3

【資料20】 管理財産引継代表相続人決定通知書

管理財産引継代表相続人決定通知書

成年後見人　○○　○○　殿

　　　本　　　籍　○○県○○市○○町○丁目○番
　　　最後の住所　○○県○○市○○町○丁目○番○号
　　　氏　　　名　被相続人　○○　○○　（昭和○○年○○月○○日生）
　　　死亡年月日　平成○○年○○月○○日

　上記被相続人の相続人である私たちは，貴殿が後見人として管理していた財産を，遺産の分割を行うまで，引き続き貴殿に管理してもらうことにしましたので，その旨ご通知します。

　　　　　　　　　　　　　　　　　　　　　　　　　　　　　　　以　　上

　　平成　　年　　月　　日

　　　住　所　_____

　　　氏　名　_____　印

　　　住　所　_____

　　　氏　名　_____　印

　　　住　所　_____

　　　氏　名　_____　印

【資料20】 管理財産引継代表相続人決定通知書／【資料21】 財産引渡日のご連絡

【資料21】 財産引渡日のご連絡

平成○○年○○月○○日

○○○○相続人
　○○　○○　様

　　　　　　　　　　　　住　所　_____
　　　　　　　　　　　　報告者　成年後見人　　　　　　印
　　　　　　　　　　　　電　話　_____

財産引渡日のご連絡

　前略　○○家庭裁判所より最終の成年後見人及び成年後見監督人の報酬付与の審判書の謄本が届きましたので，別紙財産目録のとおり，相続人へ引き渡す財産が確定しました。
　つきましては，次の期日に成年後見監督人の事務所にお集まりいただき，相続人代表に財産を引き渡しますので，ご協力をお願いいたします。

　　日　時：平成○○年○○月○○日　午後○時より
　　場　所：○○市○○町○丁目○番○号
　　　　　　○○○○司法書士事務所（電話：　　　－　　　－　　　）

　また，当日ご出席できない場合は，別紙の委任状に必要事項を記入していただき，実印押印（印鑑登録証明書添付）の上，私宛にご返送いただきますようお願いいたします。仮に，委任状の送付もなく，何のご連絡もなしに当日ご欠席の場合は，ご出席された相続人を代表者として引き渡すことに異存がないものと判断させていただきますのでご了承ください。
　前回の管理計算終了報告書にも記載しておりますが，通帳を受領された相続人が単独で預貯金の払渡しを受けることはできません。払渡しを受けるには，遺産分割協議が必要となりますので，念のため申し添えておきます。
　なお，当日ご出席される相続人の方につきましては，実印と印鑑登録証明書１通をご持参くださいますようお願いいたします。

　　　　　　　　　　　　　　　　　　　　　　　　　　　　　　　　　　　草々

【資料22】 委任状

委 任 状

受任者 　住　所　_____

　　　　　氏　名　_____

　私は，上記の者若しくは引渡日に出席した相続人の一人を代理人と定め，次の権限を委任します。

1．被相続人〇〇〇〇（平成〇〇年〇〇月〇〇日死亡）の相続財産について，成年後見人〇〇〇〇から引き渡しを受ける権限
2．上記に関連する一切の権限

　平成　　年　　月　　日

　　委任者（続柄：〇〇〇〇の　　　　　　　　　）

　　　住　所

　　　氏　名　_____　㊞

※ 指定受任者（相続人）がいれば，受任者欄に住所・氏名をご記入ください。
※ 委任者欄に続柄・住所・氏名を自署し，実印を押印してください。
※ 印鑑登録証明書1通を添付してください。

【資料23】 財産受領書

受　領　書

成年被後見人（被相続人）〇〇〇〇
　成年後見人　〇〇〇〇　様

　私は，別紙「引渡財産目録」記載の財産について，通帳残高に間違いないことを確認し，本日，相続人を代表して引渡しを受けました。

　平成　　年　　月　　日

　　相続人代表

　　　住　所

　　　氏　名　_____㊞

【資料24】 後見監督事務終了報告書（財産引継完了時）

平成○○年（家）第○○○○号　後見開始の審判申立事件
平成○○年（家）第○○○○号　成年後見監督人選任事件（職権）
成年被後見人　○○　○○

後見監督事務終了報告書

○○家庭裁判所　御中

　　　　　　　　　　　　　　　作成日　平成　　　年　　　月　　　日
　　　　　　　　　　　　　　　報告者　成年後見監督人　　　　　　　印
　　　　　　　　　　　　　　　電　話　　　　－　　　　－

　頭書の後見事件について，財産の引継ぎが完了し，当職の後見監督事務が終了しましたので，以下のとおりご報告いたします。

第1　後見の終了の登記

第2　財産の引継ぎ
　　　成年後見監督人立会のもと，成年後見人は，次のとおり財産の引継ぎを行いました。
　　　なお，相続人○○○○からは，本引継ぎについて，何ら返答がありませんでしたが，別紙管理計算終了報告書において連絡をしているので，問題ないと思われます。

　　　1　日　時
　　　2　場　所
　　　3　引渡しを受けた者
　　　　　住　所
　　　　　氏　名
　　　　　本人との関係
　　　4　引渡財産

　　　　　　　　　　　　　　　　　　　　　　　　　　　　　　　　以　上

添付書類
　1　後見登記事項証明書　　1通
　2　財産受領書　　　　　　1通
　3

【資料25】 後見監督人辞任許可申立書

成年後見監督人辞任許可申立書

○○家庭裁判所　御中

作　成　日　　　平成　　年　　月　　日
住　　　所
申　立　人　　成年後見監督人　　　　　　　印
電　　　話　　　　－　　　－

関連事件の表示
　事件番号　平成○○年（家）第○○○○号　後見開始の審判申立事件
　　　　　　平成○○年（家）第○○○○号　成年後見監督人選任事件（職権）
本　　籍　○○県○○市○○町○丁目○番
住　　所　○○県○○市○○町○丁目○番○号
氏　　名　成年被後見人　○○　○○　（昭和○○年○○月○○日生）

申　立　て　の　趣　旨

申立人が成年被後見人の成年後見監督人を辞任することを許可するとの審判を求める。

申　立　て　の　理　由

第1　申立人は，平成○○年○○月○○日，御庁において，成年被後見人○○○○の成年後見監督人に選任された。

第2　司法書士である申立人が成年後見監督人に選任された理由は，以下の2点のとおり，法律専門職が成年後見監督人として関与する必要があったからだと考える。
　①　親族を成年後見人として選任するに当たり成年後見人としての能力に不安があった。
　②　○○○○の亡き夫，○○○○の遺産分割手続を控えていた。

第3　上記2点の課題については，以下のとおり解消した。
　①　後見が開始してから○○年が経過した。この間，申立人は成年後見人に対し，○○か月ごと，計○○回の後見事務の報告を求めてきたところ，成年後見人はこれま

　　　　　　で真摯に対応してきている。後見事務の報告時には，成年後見監督人は成年後見人
　　　　　　から通帳や領収書の写し，金銭出納帳等の提出を受け，精査したが，いずれも適切
　　　　　　に管理されていることを確認した。
　　　　　　　また，成年後見人は，1週間に1度は本人と面会をし，介護担当者と盛んに情報交
　　　　　　換しており，身上監護の事務も適切に行っているものと認めることができる。
　　　　②　平成〇〇年〇〇月〇〇日付後見監督事務報告書記載のとおり，亡き〇〇〇〇の遺
　　　　　　産分割手続は完了した。

第4　また，別紙収支予定表記載のとおり，本人の年間の収支は約〇〇万円の黒字とさほ
　　　ど多くはないため，本人の財産維持のためにも，申立人が成年後見監督人を辞任する
　　　ことは有益である。

第5　よって，申立ての趣旨の記載のとおりの審判を求める。

　　　　　　　　　　　　　　　　　　　　　　　　　　　　　　　　　　　以　　上

※ホームページに申立書の書式を掲載している裁判所もあります。

【資料26】 任意後見監督人就任通知

平成○○年○○月○○日

任意後見人 ○○ ○○ 様

〒○○○-○○○○
○○県○○市○○町○丁目○番○号
司法書士 ○ ○ ○ ○
電　話　○○-○○○○-○○○○

任意後見監督人就任のご連絡

拝啓　当職は，平成○○年○○月○○日付審判で，○○○○様の任意後見監督人に選任された司法書士です。まずは本書面をもって就任のご挨拶をさせていただきます。

　早速ですが，□□□□様と今後のことについて打合せをしたいので，当職宛にお電話くださいますようお願いいたします。

　また，下記に任意後見監督人の主な職務や○○○○様にまず提出していただきたい書類を記載していますので，目を通していただくようお願いいたします。

　ご不明な点やご質問がありましたら，いつでも遠慮なくご連絡ください。

　これから○○○○様，□□□□様のために，精一杯お手伝いさせていただきますので，どうぞよろしくお願いいたします。

敬具

記

※　以下，詳細については，面談のときにご説明いたします。

【任意後見監督人の職務（主なもの）】
(1) 任意後見人の事務を監督すること（本人の意思やライフプラン，又は指示書に沿った生活ができているか，財産管理が適切に行われているかなど）
(2) 任意後見人の事務に関し，家庭裁判所に定期的に報告すること
(3) 任意後見人と本人との利益が対立する法律行為（契約や遺産分割協議など）について本人を代理すること

　また，任意後見契約書において，任意後見人が居住用不動産の処分など，重要な財産の処分をするには任意後見監督人の同意を要する旨の特約が定められている場合があります。その場合は，その同意をするかしないかについて検討をしなけれ

ばなりませんので，その特約に記載されている法律行為をする必要が生じた場合には，事前に当職にご相談くださいますようお願いいたします。

【提出していただく書類】
(1) 任意後見契約公正証書
(2) 財産目録
(3) 収支予定表

以　上

おわりに
成年後見監督制度の課題と展望

おわりに——成年後見監督制度の課題と展望

1 家庭裁判所による後見監督の強化[1]

　成年後見制度が適正に機能していくためには，成年後見監督制度の果たすべき役割は多大なものがあります。そして，成年後見制度の利用が増加していくにつれて，成年後見監督制度の中核を担っている家庭裁判所の機能の拡充・強化は不可欠のものとなってきています。

　本来ならば，家庭裁判所が全ての後見事件について監督立件して，後見業務報告書を提出させ精査していく必要があると考えます。しかし，家庭裁判所の人的資源の拡大なしには，このことを実現するのは困難です。

　後見事件の全件について定期的に監督立件することを目指すとともに，重視していただきたいのが，家庭裁判所による親族後見人に対する初歩的研修の実施です。そして，継続的な研修も行う必要があると考えています。親族後見人は知識が不足しており，情報も不足しています。何も知らない人間が不正行為と理解しないまま結果的に不正行為を働いてしまうことのないように国家として研修を行う責務があると考えます。

　東京家庭裁判所では，後見人選任直後の説明会や継続研修会を開催しています[2]が，要は全ての家庭裁判所（本庁・支部）でこれを実施することです。これらの研修を実施することは，家庭裁判所による後見監督事務を円滑に進める上でも大きなメリットがあるものと思われます。

　また，家庭裁判所としては，親族後見人向けの研修会を開催している専門職団体や社会福祉協議会等の研修会の案内をしたり，親族後見人に研修に参加するように指示を出すことも考えてよいのではないでしょうか。実際，東京家庭裁判所では，既に実施されています[3]。

　さらに，現在，全国各地で市民後見人の養成・支援活動が進められていますが，親族後見人も，それらの研修会の一部に参加できるようにしたり，支援センターにおいて相談を受け付けるなどできないものでしょうか。

　ところで，日本の後見監督制度には，法律上，家庭裁判所の監督にせよ，監督人の監督にせよ，後見人の権限を事前に制約する手段はほとんど与えられていません。後見制度支援信託は，家庭裁判所による運用としての試みであって，法律で明記された制度ではありません。イギリスにおける後見人の権限の範囲を制限すること（①後見人の任命期間限定，②裁判所の許可を得ずに使用できる金額の制限，③裁判所の事前の許可なく不動産の売却等一切の処分の禁止等）についての仕組みも参考になるのではないでしょうか[4]。

2 監督人の活用

　家庭裁判所のみによって成年後見監督制度を維持していくのは，成年後見制度の利用が激増している現状からいって，非常に困難な状況であるということも明白です。家庭裁判所の後見監督を補完するシステムの一つとして，監督人の制度があります。今後，この制度をさらに活用していくことが求められます。以下，法定後見監督人（監督人）について主に検討します。
　監督人を活用していく上での2，3の課題について簡単に触れてみます。

(1) 監督人の資質の問題

　専門職団体の中でも，監督人の選任数の増加に伴い，監督人養成上の課題が徐々に鮮明になってきました。まずは，専門職団体における監督人養成のための研修の充実が必要です。
　ところで，実際の監督事務は，本来の監督の側面と支援の側面の2つの微妙なバランスの上に成立しています。支援活動を行うためには，監督人は後見人としての実務経験が豊富であるにこしたことはありません。反対に，監督人が実際に後見人としての経験を有していない場合，十分な監督業務をこなせるのか疑問です。したがって，家庭裁判所によって選任される監督人は，後見人としての経験を有している者が望ましく，そのための仕組みを検討する必要があります。

(2) 報酬の問題

　専門職監督人を選任する上でネックになるのは，報酬の問題です。数千万円程度の預貯金がある被後見人でないと監督人の制度は活用できていないのが実状です。今後，監督人をさらに広く活用していくためには，公的報酬助成制度の課題と関連させて検討する必要があります。

(3) 人的資源の問題

　専門職後見人・専門職監督人の候補者の人数も徐々に増えていますが，成年後見制度利用の需要に追いつかない地域もあります。そして，将来，専門職後見人が不足することも視野に入れるならば，専門職を後見人として活用するケースと，監督人として活用するケースを上手に使い分けしていく必要があるでしょう。さらに，親族後見人選任直後から一定の期間のみ専門職の後見人・監督人を選任して，親族後見人が単独で事務遂行できるようになったら専門職は後見人・監督人を辞任するといった専門職の活用の仕方等，専門職の人的資源は有限なので，事件の内容にふさわしい専門職の選任や活用の仕方を工夫していく必要があります。

3 社会全体が成年後見制度を支える方向へ

　家庭裁判所における裁判官，裁判所調査官，裁判所書記官等の人員を増強し，家庭裁判所の監督機能を強化していくことは必要不可欠のことです。しかし，これからも累積的に増大していく成年後見制度の利用に対応するために延々と家庭裁判所の人員を増加させ続けることはできないでしょうから，家庭裁判所単独で成年後見監督制度を担っていくのには自ずと限界があります。

　今から9年以上も前に，東京家裁後見問題研究会は，後見関係事件の今後の課題について，「今後は，家庭裁判所，当事者及び第三者の専門家の枠を超えて，社会全体が成年後見制度を支える方向へと進んでいかなければならないのではないかと考えられる。」と述べています[5]。そろそろ，中長期的な将来に向けて，「社会全体が成年後見制度を支える方向」を真剣に検討しなければならない時が来ているのではないかと思っています。

　しかしながら，この「社会全体が成年後見制度を支える方向」についての具体的なビジョンについては，現状はまだまだ模索状況であると思われます。

　例えば，現在，全国各地で市民後見人を養成・支援するためのセンター作りが始まっていますが，市民後見人の養成・支援とともに，親族後見人の支援も喫緊の課題として重要であると思われます[6]。この親族後見人の支援について，家庭裁判所と監督人による後見監督の制度に委ねるだけで問題は解決できるものでしょうか。ここに，一つの考え方として，市民後見人に親族後見人を含めて支援するための公的支援機関を各市町村に設けるべきであるとの意見があります[7]。

　また，長期的な展望に立った場合，司法と行政の役割分担について法的に整備し，現在家庭裁判所が実施している後見監督のうち，純粋に司法判断が必要な部分についてのみを家庭裁判所に残し，支援的な活動部分については，行政が担っていくような体制を構築していく方向をめざすべきだという意見もあります[8]。

　いずれにせよ，新成年後見制度が開始して15年目となった今，家庭裁判所による後見監督制度を社会全体でバックアップしていかなければならない時期に差し掛かっているのではないでしょうか。私たちは，今こそ英知を結集して，「社会全体が成年後見制度を支える方向」についての具体的な制度設計を検討していかなければならないと思います。

1) 本稿は，『財産管理の理論と実務（仮題）』（日本加除出版，近刊予定）に寄せた多田宏治「親族後見人に対する監督と支援」の論文の一部を加除修正したものであることをお断りしておきます。
2) 東京家庭裁判所判事小西洋「東京家庭裁判所本庁（後見センター）における成年後見事件の実情と取組み」実践成年後見47号79頁。
3) 前掲2) 小西・79頁以下。
4) 法政大学大原社会問題研究所／菅富美枝編著『成年後見制度の新たなグランド・デザイン』菅富美枝「『意思決定支援』の観点からみた成年後見制度の再考」247頁。
5) 東京家裁後見問題研究会編著「東京家裁後見センターにおける成年後見制度運用の状況と課題」判タ1165号59頁。
6) 上山泰『専門職後見人と身上監護』（民事法研究会，第2版，2010年）220頁以下。
7) 日本成年後見法学会編集「第8回学術大会〔統一テーマ　公的支援システムの具体的あり方－横浜宣言の実質化に向けて〕論点整理・パネルディスカッション」成年後見法研究9号73頁。
8) 前掲7) 日本成年後見法学会編集・73頁以下。冨永忠祐「後見監督における司法と行政の役割」成年後見法研究8号88頁以下。

成年後見監督人の手引き

定価:本体2,500円(税別)

平成26年9月19日　初版発行

編著者　公益社団法人　成年後見センター・リーガルサポート

発行者　尾　中　哲　夫

発行所　日本加除出版株式会社

本　社　郵便番号171-8516
東京都豊島区南長崎3丁目16番6号
TEL　(03)3953-5757(代表)
　　　(03)3952-5759(編集)
FAX　(03)3951-8911
URL　http://www.kajo.co.jp/

営業部　郵便番号171-8516
東京都豊島区南長崎3丁目16番6号
TEL　(03)3953-5642
FAX　(03)3953-2061

組版・印刷・製本　大日本印刷㈱

落丁本・乱丁本は本社でお取替えいたします。
Ⓒ Legal-Support Adult Guardian Center 2014
Printed in Japan
ISBN978-4-8178-4188-9 C2032 ¥2500E

JCOPY 〈㈳出版者著作権管理機構 委託出版物〉

本書を無断で複写複製(電子化を含む)することは、著作権法上の例外を除き、禁じられています。複写される場合は、そのつど事前に㈳出版者著作権管理機構(JCOPY)の許諾を得てください。
また本書を代行業者等の第三者に依頼してスキャンやデジタル化することは、たとえ個人や家庭内での利用であっても一切認められておりません。

〈JCOPY〉　H P：http://www.jcopy.or.jp/, e-mail：info@jcopy.or.jp
電話：03-3513-6969, FAX：03-3513-6979

成年後見教室 実務実践編 3訂版

公益社団法人 成年後見センター・リーガルサポート 編著
2013年2月刊 A5判 332頁 定価2,700円(本体2,500円) ISBN978-4-8178-4063-9

- 初めて成年後見人として実務を行う人のための「理解しやすく行き届いた」実践的教本。
- 判断に困る状況においても、該当頁を開くことで解決糸口が早く見つかるように構成を配慮。

商品番号：40372
略　号：成教実

成年後見教室 課題検討編 2訂版

公益社団法人 成年後見センター・リーガルサポート 編著
2010年10月刊 A5判 304頁 定価2,700円(本体2,500円) ISBN978-4-8178-3891-9

- 実務経験のある成年後見人を対象に、周辺や奥行きに広がる実務上の課題を解説。
- 幅広い視野から課題を深く検討することで、制度に対する理解が一層深まる。

商品番号：40373
略　号：成教課

これで安心！これならわかる
はじめての成年後見　後見人の心得お教えします

公益社団法人 成年後見センター・リーガルサポート 編著
2009年2月刊 B5判 80頁 定価1,080円(本体1,000円) ISBN978-4-8178-1363-3

- 親権後見人や一般の方が制度を理解するのに適した内容。
- 平易な言葉と豊富なイラストが好評。
- 制度の仕組みや成年後見人が出会う疑問点・心配事をわかりやすく解説。

商品番号：40253
略　号：安成後

かんたん記入式
成年後見人のための管理手帳 第2版

公益社団法人 成年後見センター・リーガルサポート 編著
2014年2月刊 B5判 112頁 定価1,080円(本体1,000円) ISBN978-4-8178-4142-1

- 「簡潔な情報整理」「注意点の把握」を重視した「後見人のための」手帳。
- 第2版では、リーガルサポート会員の経験や初版読者の声から得られた、新たなヒントやアイデアを追加。

商品番号：40403
略　号：成手

12人の成年後見人
たった一つの人生に捧げる後見物語

公益社団法人 成年後見センター・リーガルサポート 編著
2008年2月刊 A5判上製 432頁 定価3,672円(本体3,400円) ISBN978-4-8178-1362-6

- 成年後見人としての務めを果たす、司法書士12人の後見物語。
- 本人、家族、医療福祉関係者・行政・家庭裁判所担当者のやりとりを通じて、制度の仕組みや実務の現場をわかりやすく紹介。

商品番号：40199
略　号：成後見

日本加除出版

〒171-8516　東京都豊島区南長崎3丁目16番6号
営業部　TEL(03)3953-5642　FAX(03)3953-2061
http://www.kajo.co.jp/